논·술·세·계·대·표·문·학

31

바람과 함께 사라지다

마가렛 미첼 | 황종표 엮음

H 훈민출판사

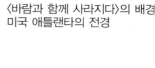

〈바람과 함께 사라지다〉의 배경
미국 애틀랜타의 전경

The Best World Literature

마가렛 미첼의 모습

미첼의 묘지

MARGARET MITCHELL
MARSH
BORN ATLANTA, GA.
NOV. 8, 1900
DIED ATLANTA, GA.
AUG. 16, 1949

미첼이 〈바람과 함께 사라지다〉를 집필했던 집 − 1994년에
화재로 불타 버렸다.

월리엄스버그 전투에서의 남군과 북군의 전투 모습

남북 전쟁의 발발 − 1861년 4월 12일에 시작되었다.

미첼 박물관

영화로 보여지는 남북 전쟁의
모습

The Best World Literature

영화 〈바람과 함께 사라지다〉의 한 장면 – 스칼렛이 파티에 가기
위해 옷을 입고 있는 것을 유모가 돕고 있다.

영화에서 스칼렛과 레트 버틀러
의 키스 장면

구인환(丘仁煥)

서울대학교 사범대학 졸업. 동 대학원 졸업(문학박사)
서울대학교 명예교수, 소설가(현). 서울대학교 사범대학 국어교육연구소 소장(현)
문학과문학교육연구소 소장(현). 국제펜 한국본부 부회장(현)
한국소설문학상(1987). 예술문화대상(1994). 한국문학상(2000)
작품 〈숨쉬는 영정〉, 〈살아 있는 날들〉, 〈일어서는 산〉 외 다수

• **저서** 《한국단편소설의 이해》, 《한국현대소설의 비평적 성찰》,
    《고교생이 알아야 할 소설》, 《고교생이 알아야 할 세계단편소설》 외 다수

윤병로(尹柄魯)

성균관대학교 국어국문학과 졸업. 동 대학원 졸업(문학박사)
성균관대학교 교수, 문학평론가(현). 한국현대소설학회장(현)
한국문예학술저작권협회 이사(현). 한국간행물윤리위원회 위원(현)
한국펜 문학상(1987). 한국문학상(1988). 대한민국문학상(1989)
수필집 《나의 작은 애인들》 외 다수

• **저서** 《현대 작가론》, 《한국 현대 소설의 탐구》,
    《한국 근대 작가 작품 연구》, 《한국 현대 작가의 문제작 평설》 외 다수

홍성암(洪性岩)

고려대학교 국어국문학과 졸업. 한양대학교 대학원 국어국문학과 졸업(문학박사)
동덕여자대학교 교수, 소설가(현). 한국문인협회 회원(현)
한국소설가협회 이사(현). 국제펜 한국본부 소설분과 이사(현). 한민족 문화학회 회장(현)
창작집 《큰 물로 가는 큰 고기》, 《어떤 귀향》 외
대하역사소설 《남한산성》(전9권) 외 다수

• **저서** 《문학의 이해》, 《현대 작가론》, 《한국 근대 역사소설 연구》 외 다수

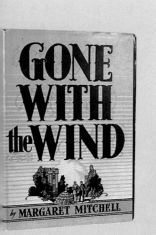

미국에서 출판된 〈바람과 함께 사라지다〉의 책 표지

논술 *세계대표문학*을 펴내며

21세기의 사회는 '**전자 문명 시대**'라 일컬어질 만큼 오늘날 전자 산업은 우리 생활의 거의 모든 분야에 다양하게 응용되고 있습니다. 출판 분야 또한 예외는 아니어서, 종래의 서책(Book) 대신에 이른바 '전자책(CD-ROM)'의 출간이 최근 들어 날로 증가하고 있습니다.

그러나 이러한 전자책은 영상 또는 모니터상으로 흥미 위주나 백과사전식 지식을 습득하는 데는 효과적일지 모르지만, 문학 공부를 위해서는 별로 도움이 되지 않습니다. 바꾸어 말하면, 문학 공부는 각 지면마다 살아 숨쉬는 표현 하나하나를 독자 자신의 머리로 음미하면서 작품을 읽어 나가는 가운데, 풍부한 상상력의 배양과 함께 작가의 의도와 그 작품의 내면을 깊이 있게 이해함으로써 이루어지는 것입니다.

이에 훈민출판사에서는, 자라나는 학생들이 범람하는 영상 매체에 길들여지기 전에, 어려서부터 유명한 세계문학 작품들을 책자를 통하여 감명 깊게 읽고 감상함으로써, 올바른 문학 공부의 기틀을 다지고, 아울러 전인 교육도 할 수 있도록 《논술 세계대표문학(전60권)》을 펴내게 되었습니다.

작품 선정은, 초·중·고등학교 국어 교과서와 역사 교과서에 실리거나 소개된 문학 작품을 중심으로 하되, 그리스 신화와 성경 이야기 등의 고전에서부터 중세·근대·현대에 이르기까지 세르반테스·셰익스피어·톨스토이 등 세계 유명 작가들의 장·단편 소설들을 엄선·수록하였습니다. 또 세계의 명시도 별권으로 엮었으며, 특히 각 단락마다 '**논술 문제**'를 제시하여, 장차 대학입시를 비롯한 각종 '논술 고사'에 예비 지식을 쌓을 수 있도록 배려하였습니다. 아무쪼록, 이 《논술 세계대표문학(전60권)》이 자라나는 학생들에게 문학 공부의 주춧돌이 되고, 나아가 미래를 살아가는 데 **정신적 자양분**이 되기를 진심으로 바라 마지않습니다.

훈민출판사

차례

바람과 함께 사라지다/ 12

작품 알아보기/ 203

논술 길잡이/ 205

바람과 함께 사라지다

미 첼

지은이

1900~1949년. 미국 조지아 주 애틀랜타에서 출생. 역사학자였던 아버지 덕분에 미첼은 자연스럽게 역사에 흥미를 가지게 되었고, 남북전쟁 당시의 이야기를 들으면서 성장하였다. 의대에 다니고 있던 미첼은, 어머니의 사망으로 고향으로 돌아간 다음, 잡지사에서 일을 하게 되었다. 10여 년의 노력 끝에 완성된 〈바람과 함께 사라지다〉는 1937년 퓰리처 상 소설 부문 수상의 영예를 안게 되었고, 1939년에는 영화로도 제작되어 전세계인들의 사랑을 한몸에 받았다.

바람과 함께 사라지다

두 갈래의 혈통

이 이야기는 조지아 주 북쪽에 있는 한 농촌 타라에서 시작된다.

타라는 블루 리지 산기슭의 높은 지대여서, 겨울에는 춥고 여름에는 아주 더웠다.

따라서 그 곳은 활기와 정력이 넘쳐흘렀으며, 주민들의 기질도 친절하고 선량하였으나, 한편으로는 완고하고 사납고 성질이 매우 급하기도 하였다.

그 곳은 모든 것이 새로웠고 젊음에 넘쳐 있어서, 마치 자라나는 어린 아이처럼 싱싱한 생기가 이 농촌 지방을 덮고 있었다.

대체로 북 조지아 주는 개척을 기다리는 기름진 처녀지여서 목화가 얼마든지 생산되었다. 그 당시는 세계적으로 목화를 사용하는 사람들이 많았으므로, 조지아 주는 많은 돈을 벌 수 있었다. 부지런한 사람이 큰 재산을 모으기에 아주 좋은 곳이 바로 이 곳 조지아 주였다.

제럴드 오하라도 이 곳에서 성공한 사람이었다. 그는 스물한 살 때, 거의 거지와 다름없는 모습으로 미국으로 건너왔다.

그의 키는 160센티미터밖에 안 되었으며, 옆으로 떡 벌어진 가슴과 굽힐 줄 모르는 늠름한 투지를 지니고 있었다. 이 투지는 오하라 일가의 유전이라고 할 수 있었다.

그는 형들에게 얼마간의 돈을 얻어 노예를 사들여 고생을 한 끝에, 마흔세 살에 수백 에이커나 되는 농장의 주인이 되었다.

그는 악의가 없고 점잖았으며, 순박한 농부였다. 그리고 같은 동네 젊은이들 사이에서도 평판이 좋았다.

그는 마흔세 살이 되어서야 결혼을 생각하였다. 그래서 우연히 알게 된 프랑스 명문의 후손인 로비야르 댁의 아름다운 처녀 엘렌에게 청혼을 하였다.

엘렌은 열여섯 살의 기품 있는 처녀였으며, 아름다운 몸매와 얼굴을 가지고 있었다. 그녀는 일찍이 어머니를 여의고 아버지와 살고 있었다.

엘렌은 제럴드의 청혼을 받자,

"제럴드 씨, 당신과 결혼하겠어요."

하고 미소를 머금으며 말하였다.

사람들은 로비야르 댁에서도 가장 아름다운 엘렌이 늙은 못난이와 결혼하는 것을 이상하게 생각하고 쑥덕거렸다.

이 기적 같은 사건의 진상을 알고 있는 사람은 오직 거대한 몸매를 가지고 있는 흑인 유모 마미밖에 없었다.

엘렌은 그 옛날 사촌 오빠 필립을 사랑했는데, 그가 서부로 떠나가 버린 뒤로 절망에 빠져 있었다. 필립이 싸움을 하다 죽었다는 소문이 들려왔을 때, 엘렌은 밤새 울었다. 엘렌은 결국 그에 대한 모든 희망을 버리게 되었다.

엘렌은 중년이 다 된 남편을 따라, 유모 마미와 스무 명의 노예를 데리고 타라로 시집을 왔다.

마미는 엘렌의 어머니 소랑주 로비야르 아래서 자라난 흑인이었다. 엄격한 프랑스 가정에서 예의 범절을 배운 마미는 말끝마다 예의를 강조했고, 오히려 이 집 주인들보다 도덕이나 긍지, 자존심에 대한 관념이 더 높았다.

마미는 엘렌과 함께 오하라 댁으로 오게 되자, 스스로 오하라 댁의 기둥이라고 생각하고 열심히 주인을 보살폈다.

어느덧 엘렌은 세 딸의 어머니가 되었는데, 첫째가 스칼렛, 둘째가 스웰렌, 셋째가 캐린이었다.

큰딸 스칼렛은 어머니의 섬세한 아름다움과 아버지의 야성을 골고루 받고 태어난 묘한 매력을 지닌 처녀였다. 그녀는 온순한 동생들과는 아주 딴판이었다. 그녀는 어릴 때부터 남에게 지기를 싫어하였고, 나뭇가지에 기어오르는 것을 좋아하였다.

또 남자아이들과 싸움을 잘 하는 말괄량이었다. 여학교에 들어간 뒤에도 그녀는 공부보다는 남자들의 눈길을 끄는 매력을 발휘하는 데 소질을 보였다.

스칼렛은 사교춤을 잘 추었으며, 넓은 치맛자락을 감싸들고 사뿐사뿐 멋지게 걷는 걸음과 미소 띤 눈웃음으로 남자들의 가슴을 두근거리게 만들었다.

결코 미인이라고 할 수는 없었지만 이상한 매력 때문에 스칼렛의 주변에는 항상 동네 청년들이 애를 태우며 모여들었다.

여자는 온순하고, 우아하고, 정숙해야만 된다는 것을 최고의 미덕으로 생각하던 당시에 스칼렛은 충분히 비난받아 마땅하였다.

엘렌은 그런 스칼렛을 조용 조용히 타일렀고, 마미는 소리를 지르면서 숙녀로 교육시키려 하였으나, 아버지에게서 물려받은 아일랜드 인의 끓어오르는 정열과 완고한 고집은 쉽게 고쳐지지 않았다.

열일곱 살 된 스칼렛에게 아버지 제럴드가,

"이 아이는 동네에서 제일가는 미인이야."

라고 뽐낸 것도 지나친 말이 아니었다.

찬란한 봄

1861년 4월, 어느 맑은 날 오후였다.

농장의 그늘진 벤치에서 스칼렛은 달튼 가문의 쌍둥이 형제인 스튜어트, 브렌트와 앉아서 이야기꽃을 피우고 있었다.

이 쌍둥이 형제는 대학에서 네 번이나 퇴학을 당하고, 고향인 타라로 돌아와 살고 있는 말썽꾸러기들이었다. 나이는 스무 살밖에 안 됐는데, 키는 185센티미터나 되고, 단단한 근육과 튼튼한 체격을 가진 청년들이었다.

쌍둥이 형제는 모두 스칼렛의 찬미자였다. 그들은 내일 윌크스 댁에서 열리는 파티에서 댄스의 상대가 되어 달라고 부탁하러 온 것이었다.

꽃무늬의 모슬린 옷을 물결처럼 펼쳐 입은 스칼렛 옆에서 파란 양복 저고리에 연보라색 승마 바지를 입은 쌍둥이 형제는 비스듬히 의자에 기대어 앉아 웃음을 터뜨리며 떠들어 대고 있었다.

"이런 세상에서 어떻게 법률 공부를 열심히 할 수가 있겠어?"

브렌트가 말하였다.

"그게 무슨 말이에요?"

"가까운 장래에 전쟁이 일어난단 말이죠. 남부는 하나로 단결해서 북부를 쳐부숴야 해요."

"남자들이란 모이기만 하면 전쟁 이야기만 하는군요. 전쟁터 요새가 어쨌다느니, 주권의 독립이 어쩌니, 링컨이 어쨌다느니 정말 지긋지긋해요. 지난 봄의 파티도 그래서 재미없었어요. 나는 크리스마스 때까지 우리 조지아 주에서 전쟁이 일어나지 않기를 바라고 있어요. 만약 전쟁이 일어난다면 파티를 못할 거 아니에요?"

쌍둥이 형제는 스칼렛이 전쟁에 흥미를 느끼지 않는다는 것을 눈치

채자, 내일 열리는 월크스 댁의 파티 이야기를 슬쩍 꺼냈다.

"그런데 스칼렛, 내일 파티에서 처음 왈츠는 나와, 마지막은 스튜어트와 춘다고 약속해 줘요. 승낙해 줄 거죠?"

스칼렛은 아무 대답도 하지 않고 가만히 앉아 있었다. 그러자 이번에는 스튜어트가 말하였다.

"당신이 그 약속만 해 주신다면, 재미있는 뉴스를 전해 드리죠."

"그게 뭔데요?"

쌍둥이 형제는 서로 쳐다보며 히죽히죽 웃었다.

"말해 주면 그렇게 하겠다고 약속하겠어요?"

"물론, 그렇게 하겠어요."

"사실은 내일 파티에서 멜라니와 애슐리의 결혼 발표가 있을 예정이에요. 전쟁 소식 때문에 내년까지 발표하지 않기로 되어 있었는데, 갑자기 이야기가 진행된 모양이에요."

순간, 스칼렛의 입술이 파랗게 질렸지만, 애써 무심한 태도를 보였다.

쌍둥이 형제는 스칼렛의 승낙이 떨어지자, 말이 적어진 그녀의 맘이 변하기 전에 어서 돌아가자는 듯이 일어섰다.

이미 붉은 해는 대평원의 아름다운 지평선 저쪽으로 넘어가고 있었다. 강 건너 숲 속의 나무들이 짙은 그림자를 드리우기 시작하였다.

스칼렛은 불어오는 저녁 바람 속에 우두커니 서서 초점 없는 눈동자로 하늘을 바라보았다.

"애슐리가 멜라니와 결혼을 해? 아아, 믿을 수 없는 일이야."

스칼렛은 이런 생각에 빠져 있었다.

멜라니는 덜 자란 어린아이처럼 가냘픈 몸매를 가지고 있었다. 그리고 얼굴에는 윤기도 없었고, 별로 예쁘지도 않았다.

스칼렛은 어느덧 경멸하는 듯한 기분이 되었다.

"거짓말이야, 쌍둥이가 나를 놀린 거야!"

스칼렛은 이렇게 나직한 목소리로 중얼거리면서 불쾌한 생각을 털어 버리려는 듯이 힘차게 목을 흔들어 보았다.

애슐리 윌크스, 그는 2년 전부터 스칼렛이 사랑한 사람이었다.

2년 전 애슐리가 3년 동안의 유럽 여행을 마치고 돌아와서 인사차 오하라 씨 댁을 방문하던 그 날부터 스칼렛은 그에게 마음을 빼앗기고 말았다. 밀려드는 청혼과 많은 청년들의 유혹에도 눈 하나 깜박이지 않은 것은 애슐리의 의젓한 모습을 보았기 때문이다.

회색 저고리에 레이스가 달린 셔츠, 폭 넓은 검정 넥타이, 반들반들 윤이 나는 장화, 메두사의 머리를 새긴 넥타이 핀……. 빈틈없는 차림으로 말안장에서 훌쩍 뛰어내린 애슐리는 잿빛 눈동자에 꿈꾸는 듯한 미소를 지으며,

"오오, 스칼렛! 그 사이 아름다운 숙녀가 다 되었군요."

하고 그녀의 손에 키스를 했었다.

그 의젓한 자태와 목소리는 지금도 선명하게 눈앞에 떠올랐다.

그 뒤로 2년 동안, 두 사람은 가끔 무도회나 낚시질, 피크닉을 함께 다니곤 하였다.

애슐리는 늘 문학과 시, 그림에 관한 이야기를 하였는데, 가끔 여행 이야기도 들려주었다.

'애슐리도 마음속으로는 나를 좋아하고 있는 게 틀림없어. 그저 주저 하고 있을 뿐이지.'

스칼렛은 애슐리가 직접 그녀에게 사랑을 고백하지 않은 것은, 그가 겸손하기 때문이라고 생각하였다.

일주일 전, 두 사람이 말을 몰고 산책을 나갔다가 황혼이 짙은 산기 슭의 언덕길을 돌아올 때였다.

"스칼렛, 꼭 당신에게 이야기하고 싶은 게 있는데, 어떻게 말해야 할지 모르겠소."

애슐리는 부끄러운 듯 말하며 머뭇거렸다.

"그러나 지금은 말 못하겠소. 스칼렛, 당신은 날 못난이라고 생각하겠죠?"

그는 이렇게 머뭇머뭇 말하더니 갑자기 말을 몰아 언덕길을 향해 뛰어 올라가는 것이었다.

'그렇지, 저 분은 분명히 나를 사랑하고 있어. 그런데 혹시 거절당할까 봐……. 그게 두려워서 저렇게 달아나 버린 거야. 내가 사랑한다고만 하면, 저 분은 틀림없이 내 가슴에 안기고 말 거야.'

스칼렛은 지난날을 생각하며 아주 행복한 마음으로 집으로 돌아왔다.

그날 밤, 저녁 식사를 마친 스칼렛은 어머니와 함께 기도를 드린 다음, 침대에 누워 내일 열릴 파티에 대해 신나는 상상을 하고 있었다.

늦은 봄, 타라의 밤은 한없이 고요하였다.

이 마을 특유의 무더운 기온은 그녀를 잠 못 이루게 하였다. 너무 더워 좀처럼 편안한 잠을 잘 수가 없었다.

그녀는 검은 머리채 위로 두 손을 깍지 끼고, 애슐리와 멜라니 생각을 하느라 시간이 흐르는 것도 모르고 있었다.

'어떻게 하지. 만약 내일 두 사람이 정말 결혼을 발표하면……. 나는 어떻게 하지.'

이런 생각들을 하고 있는데 문득 어떤 생각 하나가 떠올랐다.

'내가 그 분을 사랑하고 있다는 것을 그 분에게 알려야지! 이제라도 늦지 않았어. 애슐리의 결혼이 발표된 것도 아니고, 시간은 아직 충분히 있어.'

그래서 스칼렛은 한 가지 계획을 세웠다.

곧 파티가 시작되면, 처음에는 점잖게 다른 청년들과 상대를 하여 애슐리의 마음을 초조하게 만들고, 그런 다음, 슬며시 애슐리에 대한 자기 마음을 이야기하기로 결심한 것이다.

'나를 좋아하는 남자들을 내 주위에 불러 모으는 일은 일도 아니지. 어떤 방법을 써서라도 이 계획을 성공시켜야만 해.'

그녀는 앞으로 일어날 수 있는 여러 가지 가능성들을 생각하자, 가슴이 두근두근하였다.

'이 사랑이 성공하여 애슐리가 멜라니를 버리고 내게로 온다고 해도, 엄격한 월크스 댁이나 우리 집에서는 용서하지 않을 텐데……. 그럼 그때는 어떻게 하지? 애슐리와 함께 존스버러로 달아나는 수밖에 없어. 그래, 사랑하는 애슐리와 함께라면 지구 끝까지도 갈 수 있어!'

창 밖에는 달빛이 푸르스름하게 빛났다. 아직도 세상살이를 잘 모르는 열일곱 살의 철부지 아가씨는 달빛에 젖어 즐거운 내일을 꿈꾸다가 어느덧 깊이 잠들었다.

무 도 회

봄이 무르익자 조지아 주의 날씨는 벌써 여름철같이 무더웠다.

활짝 핀 꽃들의 향기가 가득히 풍겨 오는 숲 속에서는 아침부터 새들이 지저귀고 있었다. 새들의 지저귐은 사람들의 마음을 즐겁게 만들었다.

오하라 댁의 아가씨들은 아침부터 눈부신 비단옷을 골라 입느라고 야단스러웠다.

그녀들은 자기 마음에 맞는 옷을 골라 입고, 활짝 핀 꽃송이처럼 우아한 자태를 뽐내며 마차에 올라탔다.

그리고 새파란 싹이 햇볕에 반짝이는 가로수 길을 달려 월크스 댁을 향해 떠났다.

마차에는 아버지 제럴드도 기분 좋은 얼굴로 같이 앉아 있었다.

어머니 엘렌은 이웃집 품팔이 농부의 딸 에미가 낳은 아이의 병간호와, 바로 그 아이의 아버지 되는 조나스 월커슨이라는 북부 태생 농장 감독을 해고시키기 위하여 남아 있었다. 그는 독신이면서 에미에게 아이를 낳게 하였기 때문에 해고시키려는 것이었다.

조나스는 북부인이라는 이유 때문만이 아니라, 성질이 음흉하여 이웃 사람들에게 많은 미움을 사고 있었다.

북부 사나이와 가난한 농부의 딸이 저질러 놓은 일이라면 대개 이렇게 되고 만다고 생각하는 스칼렛에게는 이런 사람의 해고쯤은 털끝만큼도 마음에 걸리지 않았다.

나뭇가지가 그려진 초록색 옷을 입고 가냘픈 허리를 맵시 있게 졸라맨 스칼렛의 모습은 무척 아름답고 매혹적이었다.

깊은 숲을 빠져나와 두 갈래의 길이 합쳐지는 언덕으로 가까이 다가가자, 나무 그늘 사이로 여자들의 즐거운 목소리가 새어 나왔다.

그것은 바로 달튼 일가의 네 딸과 유모를 태운 마차에서 흘러나오는 목소리였다.

달튼 부인이 그 마차의 말고삐를 잡고 있었다. 역시 월크스 댁으로 가는 일행이었다.

"오오, 부인께서 직접 말을 몰다니……. 아름다운 손을 가진 부인이 말입니다."

제럴드는 타고난 굵직한 음성으로 말을 걸었다. 달튼 부인은 말을 좋아하기로 유명하였다. 그만큼 말에 대한 지식도 풍부하였고, 말을 잘 타기로도 이름이 나 있었다.

마차를 세운 노인과 가냘프면서도 넘치는 건강과 힘을 가진, 여덟 아이의 어머니인 달튼 부인은 마차를 세우고 서로 농담을 주고받다가, 결국은 오늘 열리는 파티 이야기를 하게 되었다.

"애슐리가 멜라니와 결혼한다는 건 찬성할 이야기가 못 돼요."

달튼 부인이 이렇게 말하고 나서, 오늘 파티의 목적에 불만의 뜻을 나타내었다.

"우리끼리니 이야기하죠. 그 집안에서는 가까운 혈족과의 결혼이 너무 심해요. 아무리 이 지방에서 명문이고, 그 혈통의 순결을 지키기 위해서라고 하지만 그것이 지나쳐요. 당장 보세요! 그 일가는 모두 키만 멋없이 컸지, 힘이라고는 하나도 없잖아요. 그 집안에는 스칼렛처럼 씩씩하고 훌륭한 핏줄이 필요하단 말이에요."

달튼 부인은 아쉽다는 듯이 덧붙였다.

"암, 그렇고말고요."

제럴드도 따라서 고개를 끄덕였다.

스칼렛은 이 두 사람의 대화를 안 듣는 척하고 있었다.

어느덧 두 사람은 순종 말이 어떻고, 조랑말이 어떻고 하며 말에 대한 이야기를 끄집어내어 신나게 이야기를 나누었다.

그들의 이야기가 끝나기만을 기다리고 있던 달튼 부인의 딸들이,

"어머니, 이제 그만하시고 빨리 가요."

하고 짜증을 내자, 다시 두 대의 마차는 붉은 먼지를 일으키며 달리기 시작하였다.

월크스 씨 댁의 나무 그늘에는 다리가 긴 야외용 의자가 하얀 리넨 커버가 씌워진 채 여기저기에 놓여 있었다.

부엌에서 흘러나온 맛있는 음식 냄새가 미풍을 타고 코에 스며들었다.

저택 앞의 길가에는 이 부근에 사는 지주와 그 가족들을 태우고 온 마차와 말들로 꽉 들어차 있었다.

흑인 하인들은 상기된 얼굴로 말을 마구간으로 몰아넣고 있었고, 손님들은 응접실이나 홀, 나무 그늘에 각기 자리를 잡고 앉아 떠들썩하게 이야기꽃을 피우고 있었다.

중년 부인들은 부채질을 하면서 살림살이 걱정과 자녀들 결혼에 관한 이야기를 주고받으며, 초대받은 아가씨들의 모습을 유심히 살펴보고 있었다.

스칼렛은 이런 부인들과 또래 처녀들의 부러움과 질투를 한몸에 받고 있었다. 그러나 그녀는 그러한 것들을 예사로 받아들이고 있었다.

그녀는 주위에 몰려든 청년들 가운데 자리잡고 앉아 애교 띤 미소를 지으며 그들의 끝없는 찬미와 칭찬을 듣고 있었다.

그러나 매혹적인 그녀의 시선은 가끔 청년들의 어깨너머로 애슐리를 찾고 있었다.

그러나 애슐리는 좀처럼 모습을 나타내지 않았다.

그 때 스칼렛의 눈에 이상한 남자가 보였다. 그 남자는 다른 사람보다 훨씬 큰 키에다 넓은 어깨, 보기 좋은 체격을 하고 홀 가운데쯤에 혼자 서 있었다. 그는 무례한 태도로 스칼렛을 바라보다가, 시선이 마주치자 깨끗이 손질한 콧수염 아래로 야성적인 하얀 이를 드러내며 싱긋 웃어 보였다.

그의 얼굴은 마치 해적처럼 햇볕에 그을렸고, 대담하게 생긴 눈동자는 새까맣게 빛났다. 게다가 마치 조롱하는 듯한 미소까지 띠고 있었다.

'뭐야! 해적같이 생겨 가지고. 기분 나쁘게…….'

그렇지만 왠지 스칼렛은 그와 시선이 부딪친 것만으로도 숨을 쉴 수가 없을 지경이었다. 그는 스칼렛을 둘러싸고 있는 청년들을 경멸하고 있는 것 같았다.

그 때 스칼렛의 주위에는 사납기로 이름난 탈튼 댁의 쌍둥이 형제를 비롯하여 싸움 잘한다는 포텐 댁의 토니와 알랙스 형제, 그리고 스웰렌을 좋아하는 중년의 대지주 프랭크 케네디라는 독신남과 멜라니의 오빠 찰스 해밀턴 등이 모여 스칼렛의 관심을 얻으려고 애를 쓰고 있었다.

특히 탈튼 댁의 쌍둥이 형제 가운데 스튜어트는 애슐리의 동생인 인디어의 애인이었다.

멜라니의 오빠인 찰스는 스칼렛이,

"안녕하세요? 정말 오랜만에 뵙네요. 선생님은 불쌍한 시골 아가씨들을 울리려고 애틀랜타에서 일부러 오신 거죠?"

하고 사랑스럽게 말하자, 기분이 좋아 잠시도 그녀 곁을 떠나지 않았다. 그는 스칼렛이 앉으면 그녀 곁에 꿇어앉고, 그녀가 일어서면 따라 일어나곤 하였다.

원래 내성적이고 겁이 많은 그는, 자기 성격과 정반대로 명랑하고 건강한 이 처녀를 마음속 깊이 찬미하고 있었다. 그래서 스칼렛의 마음에도 없는 인사말을 듣고는 흥분이 된 것이다.

마침내 파티의 분위기는 최고조에 이르렀다.

젊은 아가씨들은 춤출 상대와 함께 식탁 앞의 긴 의자에 마주 앉아 있었고, 검정 옷을 입은 부인들은 뜰 안 정자 아래서 지치지도 않는지 여전히 남편 자랑이며 아이들 이야기로 열을 올리고 있었다.

그러나 스칼렛은 양쪽에 두 사람밖에 앉힐 수 없어서 일부러 혼자 떨어진 자리를 차지하고 있었다. 그러나 애슐리는 아무리 기다려도 그녀 옆에 다가와 앉지를 않았다. 스칼렛의 마음은 온통 애슐리뿐이었다.

애슐리는 다른 사람들과 좀 떨어진 자리에 멜라니와 나란히 앉아서, 멜라니의 허리띠 끝을 한쪽 손으로 매만지면서 나직이 이야기를 주고받

　고 있었다. 더욱이 스칼렛이 반한 그 아름다운 미소를 지으며 멜라니를
바라보고 있었다.

　통 넓은 후프 치마를 단정하게 차려입은 멜라니는 아무런 멋도 부리
지 않고 있었다. 불거진 광대뼈와 뾰족한 턱과 곱슬거리는 머리카락, 어
울리지 않게 큰 갈색 눈동자, 그 어느 것에서도 사람을 끄는 매력이라
고는 찾아볼 수 없었다.

　오직 착해 보이고 맑은 냇물처럼 투명해 보이는 표정에는 어딘지 모
를 고귀함이 깃들어 있을 뿐이었다.

　그러나 열일곱의 나이치고는 무척이나 조숙해 보였다.

　애슐리는 스칼렛 쪽은 한 번도 돌아보지 않고, 오직 멜라니만을 쳐다
보며 다정스럽게 속삭이고 있었다.

　그 행복해 보이는 속삭임은 멀리까지 들리지는 않았으나, 아마도 고

상한 시나 문학에 관한 이야기 같았다.

　스칼렛은 애슐리의 곁을 잠시도 떠나지 않고 붙어 앉아 있는 멜라니가 한없이 미웠다.

　그 때 스칼렛이 했던 말에 용기를 얻은 찰스가 그녀 옆으로 와서 떨리는 목소리로 말했다.

　　"스칼렛, 나는 당신을……. 사랑합니다. 나는……. 나는 당신과 결혼
　　하고 싶소!"

하였다. 그리고는 이어서,

　　"나는 언제까지라도 기다리겠소……. 당신 마음이 정해질 때까지…….
　　제가 희망을 가져도 되겠습니까? 그것만 말씀해 주십시오."

라고 속삭이면서 다른 사람들의 눈치를 살피고 있었다.

　그러나 스칼렛은 지나가는 말투로,

　　"네, 네!"

하고 대꾸할 뿐 시선은 여전히 멜라니와 애슐리 쪽으로 향하고 있었다.

　그러자 청년들 사이에서,

　　"여보게, 애슐리! 우리는 아직도 자네의 의견을 듣지 못했네. 이리 와
　　서 전쟁에 관한 자네 생각을 솔직하게 들려주게!"

하는 소리가 들렸다. 짐 달튼이었다.

　애슐리는 순순히 청년들이 있는 곳으로 자리를 옮겼다. 아름다운 금발과 콧수염이 햇빛에 빛나고 있었다.

　　"물론 나도 우리 조지아가 싸운다면 주의 명예를 위해서 전쟁에 참여
　　할 것이네. 내가 군대에 입대한 것도 그런 경우를 생각했기 때문이지.
　　그러나 되도록 평화적인 방법으로 남부와 북부 사이의 대립이 해결되
　　기를 희망하고 있어."

　애슐리의 평화론에 폰텐과 달튼 댁의 형제들이 반대하고 나섰다. 그

들은 전쟁을 지지하는 쪽이었다.

조지아 주는 석 달 전부터 동맹을 탈퇴하고 전쟁 준비에 바빴으므로 이미 의용대가 조직되어 있었다.

애슐리는 이름난 기수였으며, 냉철한 두뇌를 인정받아 대위의 직위를 맡고 있었다. 이 지방의 대지주들은 군사비를 기부하였고, 의용군의 훈련은 일주일에 두 번씩 실시되고 있었다. 조지아를 비롯한 남부의 모든 주는 최근 몇 달 동안 전쟁 열기로 들떠 있었다.

남부의 혈기왕성한 청년들은 모두 전쟁을 찬성하였다. 그래서 애슐리의 미지근한 평화론 같은 것은 신경조차 쓰려 하지 않았다.

애슐리가 말하였다.

"전쟁은 우리에게 비참한 결과를 가져다 줄 뿐이야. 지나치게 흥분하면 도리어 위험하지."

그러자 청년들은 노기등등한 목소리로 그의 주장을 무시하였다.

이러한 흥분된 광경 속에서 냉정함과 침착함을 유지하고 있는 남자는, 아까 스칼렛이 원인 모를 흥분을 느꼈던 레트 버틀러뿐이었다.

그는 찰스턴의 명문가에서 태어났으나, 말썽꾸러기라고 소문난 사람이었다. 그는 웨스트 포인트의 사관학교에 다니다가, 퇴학당한 이후로 집에서 쫓겨나와 혼자 살고 있었다.

그는 온갖 모험을 즐겼다. 심지어는 어떤 아가씨와 사귀다가 결혼을 거절했다는 소문도 있는, 별로 평판이 좋지 않은 사람이었다. 오늘은 우연히 친구인 프랭크 케네디의 권유로 윌크스 댁의 도서를 보러 온 것이었다.

레트 버틀러는 두 손을 바지 주머니에 푹 찌른 채 나무에 기대어 서서 한 마디도 하지 않았다. 그는 새까맣게 빛나는 두 눈에 마치 어린아이들의 헛소리를 듣고 있다는 듯한 경멸을 담고 그들을 지켜 보고 있었다.

그 때 스튜어트가 외쳤다.

"한 달이면 충분해. 놈들을 때려눕힐 수 있고말고!"

그러자 그 때까지 가만히 있던 레트가 끼어들었다.

"여러분, 한 마디만 해도 되겠소?"

그는 여전히 나무에 비스듬히 기대어 선 채, 찰스턴 태생 특유의 귀찮다는 말투로 입을 열었다.

애슐리를 좇고 있던 스칼렛의 시선은 서른다섯 살쯤 되어 보이는, 건장한 체격에 빈틈없이 멋진 옷차림을 한 이 이상한 사나이에게로 옮겨갔다.

"여러분의 용기와 정의를 사랑하는 열정에 경의를 표하오. 그러나 이런 생각을 해본 적이 있소? 즉 남부에는 대포 공장이 하나도 없다는 것, 그리고 제철소, 실 공장, 옷감 공장, 가죽 공장이 모두 부족하다는 것을 말이오. 더욱이 우리에게는 한 척의 군함도 없다는 것을 아시오?

그런데 양키는 일주일 내로 남부의 항구를 몽땅 봉쇄할 수 있는 군함을 가지고 있소. 이렇게 되면 남부의 목화를 외국에 수출하여 돈으로 바꿀 수도 없게 되고, 무기와 탄약을 살 수도 없게 된단 말이오. 물론 현명한 분들이니까 이런 사실쯤 모를 리가 없겠지만……."

일동을 놀리는 듯한 말투에 스칼렛은 불쾌해졌다.

'저 사람은 여기 모인 사람들을 무시하고 조롱하고 있어!'

스칼렛은 얄미운 듯 레트를 노려보았다. 청년들도 일제히 그를 바라보며 화난 표정을 지었다. 그러나 레트는 상관없다는 듯 이야기를 계속하였다.

"우리 남부 사람의 결점은 이런 것입니다. 유럽 여행의 예를 하나 들어 보더라도 호텔이나 박물관, 무도회 내지는 도박장 같은 곳에서 진짜로 구경해야 할 것은 빼놓고, 무조건 남부 이상의 땅은 없다고 자기 도취에 빠져서 돌아오고 만다는 일입니다.

그러나 북부는 어떤가요? 거기에는 약간의 돈과 먹을 것만 있으면 얼마든지 목숨을 내거는 수많은 이민들이 살고 있습니다. 따라서 군대의 인원 보충이 쉽고, 갖가지 철 공장과 선창, 철광, 탄광 등 전쟁에 필요한 인원과 물자가 아주 풍족합니다. 그 곳에는 오직 목화와 노예와 오만만이 없을 뿐이오. 까딱 잘못하는 날에는 놈들은 한 달 안으로 우리의 목을 거머쥘지도 모르는 일이오. 그러니까 우리는 다른 세상의 일도 열심히 연구해야만 하는 것이오!"

한순간 긴장된 침묵이 흘렀다. 레트는 린네르 손수건으로 천천히 소매 끝의 먼지를 털었다.

그 때, 지독히 흥분된 목소리로 쌍둥이 형제가 외쳤다.

"이봐, 도대체 당신이 그 따위로 지껄이는 저의가 뭐야?"

"다시 말하면, 나는 나폴레옹과 같은 의견이라는 말이오. '하느님은 강한 군대의 편을 든다'는."

레트는 이렇게 대답한 후, 애슐리의 아버지인 존 윌크스 쪽을 향하여 말했다.

"저는 댁의 도서관을 보러 온 사람입니다. 존스버러로 돌아가야 하기 때문에, 지금 곧 보여 주셨으면 고맙겠습니다."

그는 딱딱하게 인사를 하고는, 존 윌크스와 함께 잔디밭을 가로질러 건너가고 말았다.

남은 사람들은 멍하니 이 건방진 사나이의 뒷모습을 바라보다가 다시 떠들썩하게 이야기를 시작하였다.

거짓 맹세

파티에서는 낮의 놀이가 끝나면, 숙녀들은 넓은 저택의 이 방 저 방으로 안내를 받아 밤의 무도회 때까지 낮잠을 자기로 되어 있었다.

이 한때의 휴식 시간은 남들 앞에서 음식을 먹는 것이 예의에 어긋나는 짓이라고 해서 파티에 나오기 전에 배부른 식사를 강요당하는 아가씨들에게는, 거추장스러운 옷의 고통에서 해방되는 시간이기도 하였다.

코르셋을 풀고, 머리채를 등에 드리운 채 침묵 속에서 스칼렛은 여러 사람의 숨소리를 귀담아 듣고 있었다.

정자에서 술을 마시며 떠들어 대는 남자들의 목소리가 멀리서 들려올 뿐이었다.

그녀는 살며시 일어나 소리나지 않게 층계를 내려갔다. 널찍한 홀을 지나자, 건너편에 있는 도서실의 문이 열려 있는 것이 보였다. 그녀는 그 방으로 미끌어지듯 들어갔다. 이 방으로 애슐리를 불러들여 이야기를 하려고 작정했던 것이다.

도서실 안은 창살 문이 내려져 있어 어둠침침하였다.

'무슨 방법으로 애슐리를 불러오지? 뭐라고 말해야 하나?'

지난밤에 밤새도록 궁리해 두었건만 막상 실행에 옮기려니까 아무런 생각도 떠오르지 않았다. 생각하면 할수록 가슴만 두근거렸다.

"이봐요, 스칼렛! 누굴 피해서 여기 숨어 있소? 찰스요, 그렇지 않으면 달튼의 쌍둥이들이오?"

스칼렛은 자기도 모르게 침을 꿀꺽 삼켰다. 애슐리가 바로 거기에 서 있었던 것이다. 그녀는 순간 정신이 아찔했지만, 다시 마음을 바로잡았다. 그녀는 애슐리의 손을 쥐며 귓속말로 속삭였다.

"애슐리, 이건 비밀인데, 당신에게 꼭 드릴 말씀이 있어요."

"그 비밀이란 게 대체 무엇이오?"

"저는……. 저는 당신을 사랑하고 있어요."

스칼렛은 평소 어머니에게서 배운 숙녀의 예의범절도 내동댕이치고 결론부터 먼저 말하고 말았다. 순간, 숨막힐 듯한 침묵이 흘렀다. 그러나 스칼렛은 그 조용함 속에서 행복과 기쁨을 느꼈다.

"당신은 오늘, 그렇게도 많은 남자들의 사랑을 받았는데 그것으로도 부족하다는 말이오?"

스칼렛은 고개를 들어 애슐리의 얼굴을 쳐다보았다.

"애슐리……. 오오, 애슐리! 말씀 좀 해 주세요. 더 이상 저를 괴롭히지 마세요. 저는 알고 있어요. 당신만이 나의 유일한 사랑이라는 걸. 저는 당신을 사랑하고 있어요."

"스칼렛, 그만! 아무 말도 해서는 안 돼요."

애슐리는 괴로운 듯 말하였다.

"그건 당신의 본심이 아니오. 당신이 그런 말을 하다니, 나중에 후회하게 될 거요. 당신이 그런 말을 하게 내버려두었다고 나까지 원망하지 말고, 이제 그만두시오."

"애슐리, 저는 당신을 절대 원망하지 않아요. 저는 당신을 제 자신보다도 더 사랑하니까요."

"스칼렛, 당신의 마음은 충분히 이해하오. 그러나……. 아니, 이제 그만 여기에서 나갑시다. 그리고 이런 말을 주고받았다는 것을 우리 두 사람 다 잊어버립시다."

"싫어요! 저는 싫어요. 지금 하신 말씀, 그게 무슨 뜻이지요? 저하고는 결혼하고 싶은 마음이 없다는 뜻인가요?"

"나는 멜라니와 결혼하오. 오늘밤에 발표할 거요."

애슐리는 낮은 벨벳 의자에 앉아 있는 스칼렛의 발 밑에 앉아서 그녀의 두 손을 힘 있게 잡으며 말하였다.

　스칼렛의 마음은 텅 빈 것 같았다. 모든 희망이 한꺼번에 사라지는 느낌이었다. 애슐리가 속삭이듯 말하는 것도 아무 의미가 없어 보였다. 그저 잡음같이 들릴 뿐이었다.

　그러나 '멜라니'라는 이름이 그의 입에서 새어 나왔을 때, 스칼렛은 다시 현실로 돌아왔다.

　"어떻게 하면 내 마음을 알려 줄 수 있겠소? 당신은 아직도 결혼이라는 것이 뭔지 모르고 있소."

　"제가 아는 건 오직 제가 당신을 사랑하고 있다는 것뿐이에요. 애슐리, 멜라니도 당신을 사랑하나요?"

　"멜라니는 내 몸의 일부분이오. 우리는 서로를 잘 이해하고 있소. 스칼렛, 결혼이란 성격이 비슷한 사람끼리 하지 않으면 성공하기 어려운 거요. 당신과 나는 성격이 전혀 다르오."

　"그렇지만 당신은 저를 생각하고 있다고 말하지 않았나요? 당신은 정말 비겁하군요. 당신은 저하고 결혼하는 게 두려운 거죠? 정말 말라깽이 멜라니와 살고 싶은 거예요?"

　"스칼렛, 멜라니를 흉보지 마시오!"

　"그건 제 자유예요. 당신은 지금까지 저하고 결혼할 것처럼 말해 왔어요. 그런데 이제 와서……."

　불타는 듯한 노여움이 스칼렛의 온몸을 감쌌다.

　"죽는 날까지 당신을 원망하겠어요. 지금 와서 달아나려 하다니……."

　"아아, 스칼렛!"

　손을 내민 애슐리의 뺨을 스칼렛은 손바닥이 아프도록 때렸다. 그녀는 분노로 인해 말문이 막혔다.

　애슐리는 안타까운 표정을 지으며 고개를 푹 숙이고는 방을 나갔다.

사랑과 자신을 한꺼번에 잃어버린 스칼렛은 그대로 서 있을 수가 없었다. 그녀는 그 자리에 털썩 주저앉았다. 그래도 분이 풀리지 않자, 갑자기 탁자 위의 꽃병을 집어들더니 대리석 난로를 향하여 힘껏 내동댕이쳤다.

사기그릇 깨지는 소리가 고요한 도서실 안에 찢어지듯 울려 퍼졌다.

"아아, 이건 좀 심한데요."

그 때 뜻하지 않은 남자의 굵은 음성이 들리더니, 안쪽 소파 뒤에서 레트가 모습을 드러냈다.

"당신, 거기서 엿듣고 있었군요!"

"바로 맞혔소. 사실은 여기서 프랭크 군을 기다리다가 깜박 잠이 들었소. 그러다 뜻밖의 장면을 엿보게 되었지. 그렇지만 목숨까지 위협당할 수는 없어서……."

그는 이렇게 말하고 굽실거리며 절을 한 번 하였다.

스칼렛은 억지로 위엄을 보이려 하였으나, 낯선 남자에게 비밀을 들켰다고 생각하니 앞뒤를 가릴 수가 없었다.

"남의 말을 엿듣다니, 당신은 신사가 아니군요!"

"맞아요, 옳은 말씀이오. 하지만 아가씨! 당신도 숙녀는 아니던데요."

그는 명랑한 표정으로 말하였다.

"그러나 엿들은 이야기만으로 추측한다면, 당신은 흔히 볼 수 없는 당당하고 훌륭한 정신의 소유자입니다. 나는 당신의 그 용기와 정신 앞에 경의를 표합니다.

그런데 저 애슐리 군은 '생활에의' 정열을 지닌 아가씨의 결혼 신청을 사양하다니, 좀 얼빠진 친구 아닌가요?"

"천만에요! 당신은 그 분의 신발 닦을 자격도 없어요!"

이런 사람에게서 애슐리가 비난을 듣는다는 것은 생각할 수도 없는

일이었다. 스칼렛은 죽이고 싶은 증오를 느끼면서, 도서실을 빠져나왔다.

덜커덕 하고 방문이 무겁게 닫히는 소리를 들으면서, 레트는 반짝이는 두 눈에 유쾌한 웃음을 머금고는 아랫배를 내밀었다.

급히 층계를 올라간 스칼렛은 이층 무도회장에 도착했을 때, 쓰러질 듯 현기증이 났다. 열이 오른 눈으로 앞뜰을 바라보면서 간신히 마음을 진정시키고 있었다.

그 때, 반대편 창문 틈으로 애슐리의 여동생인 하니의 목소리가 새어 나왔다. 어느덧 귀를 기울이고 있는 스칼렛의 귀에는 오늘 자신의 행동이 말괄량이를 지나서 술집 여자 같았다고 욕을 퍼붓는 소리가 들려왔다.

아마도 하니는 찰스를 빼앗긴 화풀이를 하고 있는 것 같았다. 그러자 이번에는 멜라니의 충고하는 목소리가 들려왔다.

자신의 사랑을 빼앗아 간 멜라니가 자기를 변명해 주는 말을 듣자, 자존심 강한 스칼렛으로서는 더욱 화가 났다.

그 때였다.

정면 도로를 힘차게 달리는 말발굽 소리가 요란스럽게 울리더니, 흑인에게 무슨 말을 묻고 있는 남자의 흥분된 목소리가 들려왔다. 다음 순간, 말을 탄 사나이는 자갈길을 박차고 잔디밭 쪽으로 달려갔다. 잔디밭에 이르자, 그 사람은 말에서 훌쩍 뛰어내려 존 월크스의 손을 꽉 잡고 무엇인지 큰 소리로 외쳤다.

사람들이 그 소리에 와자지껄하며 몰려들었다.

'와아' 하는 환성이 사람들 틈에서 터져 나왔다. 이어서 쌍둥이 형제가 미친 듯이 고함을 지르면서 말을 몰아 달려 나갔다. 다시 사람들은 한바탕 흥분된 소리로 고함을 질러 댔다.

'어디 불이 났나 보지?'

스칼렛은 멍하니 이런 생각을 하면서 홀을 향해 사뿐히 걸어갔다.

"쓸데없는 소리가 아니에요. 스칼렛이 하는 일이라고는 남의 애인을 빼앗는 불미스러운 일밖에 없잖아요!"

"하니, 그런 말 하면 못 써요. 그 분은 열정적이어서 그런 것이지, 얼마나 좋은 분인데요."

"멜라니, 당신은 아직도 속고 있어요. 스칼렛은 아주 몰염치한 여자예요. 아주 지독한……."

이런 이야기를 들으면서, 스칼렛은 한시라도 바삐 이 집에서 떠나고 싶었다.

바깥에서는 전쟁이 일어났다고 야단법석이었다.

링컨이 7만 5천 명의 용병을 모집했다는 이야기도 들렸으며, '남방 연맹 만세'를 외치는 사람도 있었다. 청년들은 말을 타고 이 소식을 빨리 마을 사람들에게 전하려고 뛰어나갔다.

스칼렛은 집으로 돌아갈 작정으로 현관 앞으로 나가려 하였다. 그 때 문득 새로운 생각이 머릿속에 떠올랐다.

'여기에 남아서 모든 사람들에게 고통을 줘야지. 이런 모욕을 당하고 그대로 가면 도망가는 것과 다를 게 없어!'

열일곱 살 난 그녀는 애정보다도 허영심이 더 강해서, 짓밟힌 자존심에 대한 분노밖에는 남아 있는 것이 없었다.

스칼렛이 층계에서 되돌아서서 다른 방 쪽으로 가려고 할 때, 홀 저쪽에서 찰스가 빠른 걸음으로 다가왔다. 그의 머리카락은 흥분으로 흐트러지고, 얼굴빛까지도 하얗게 질려 있었다.

"스칼렛, 드디어 전쟁이 터졌습니다."

그는 몹시 당황한 표정으로 말을 건넸다.

"나, 나도 전쟁에 나갑니다. 웨이드 햄턴의 남캐롤라이나 연대와 함께 갈지, 애틀랜타 수비대로 들어가게 될지는 아직 모릅니다만……. 하여튼 전쟁에는 참가합니다. 스칼렛, 놈들을 쳐부수고 돌아올 때까지 나를 기다려 주겠습니까?"

"저는 기다리고 있지는 못해요."

스칼렛은 이렇게 말하면서 내성적이고 선량하며 돈 많은 이 사나이의 얼굴을 훑어보았다.

'이 착한 남자하고 결혼하면, 나에게 욕설을 해 대던 하니의 애인을 빼앗게 될 뿐만 아니라, 멜라니까지도 괴롭힐 수 있게 되겠지. 그리고 애슐리도 아까 내가 고백했던 사랑을 거짓이었다고 여기겠지.'

스칼렛은 마음 속으로 이런 생각을 하고 있었다.

"오오, 스칼렛! 당신은 진정으로 나를 사랑하고 계십니까?"

스칼렛은 아무 말 없이 눈길을 땅에 떨어뜨렸다. 찰스는 그의 손가락에 낀 반지가 살을 누를 만큼 스칼렛의 손을 꽉 잡고 숨차게 말을 이었다.

"당장에 나와 결혼해 주겠소?"

"네."

스칼렛은 자신도 모르게 치맛자락을 만지작거리며 대답하였다. 혼란에 빠진 그녀의 마음속에는 하니에 대한 복수와 멜라니에 대한 앙갚음이 떠오를 뿐이었다.

"아버님께는 언제쯤 말씀드려야 좋을까요?"

"빠르면 빠를수록 좋아요."

찰스는 이 말을 듣자 기분이 좋아 펄쩍 뛰었다.

"지금 당장에 아버님을 모셔 오겠소."

이렇게 스칼렛은 찰스 해밀턴의 구혼을 승낙하고 말았다.

‘아아, 애슐리! 저는 이제 어떻게 하면 좋아요?’

스칼렛은 마음속으로 이렇게 중얼거리면서, 다시금 마음이 흔들리는 것을 어쩔 수 없었다.

청춘은 가고

그러고 나서 2주일도 되기 전에 스칼렛과 찰스는 결혼식을 올렸다. 악몽 같은 결혼식이었다.

애슐리와 멜라니의 결혼식은 하루 늦게 치러졌다. 스칼렛의 주장으로 그렇게 날짜가 정해진 것이었다.

첫날밤에 찰스는 신부의 침대 곁에 있는 안락의자에 앉은 채로 밤을 꼬박 새워야만 했다.

"내 곁에 오지 마세요. 그렇지 않으면 소릴 지를 거예요. 아, 제 몸에 손대지 마세요. 저쪽에 떨어져 계세요!"

찰스는 신부의 공포가 가라앉기를 기다리려 하였으나, 곧 싸움터로 떠날 일을 생각하니 긴 한숨이 저절로 새어 나왔다.

자신의 결혼식이 악몽이었던 것 이상으로, 그 다음 날 진행된 애슐리와 멜라니의 결혼식도 스칼렛에게는 악몽이었다.

떡갈나무 집의 휘황한 촛불 아래서 멜라니와 나란히 선 애슐리를 보았을 때, 그녀는 사랑하는 사람을 완전히 잃어버리고 말았다는 사실을 깨달았다.

‘이제 다시는 아름답던 처녀 시절은 돌아오지 않아. 애슐리는 이미 남의 사람이 되어 버렸고, 가장 경멸하던 사나이가 내 남편이 되어 버렸어…….’

이렇게 생각하니 가슴이 터질 것만 같았다. 스칼렛은 애슐리의 결혼식 날 밤, 밤새도록 미친 듯이 춤을 추고 재잘거리기도 하였으나, 집에 돌아오자마자 참았던 눈물이 마구 쏟아져 나왔다. 찰스가 위로하면 위로할수록 더욱 눈물이 솟구쳤다.

결혼 후, 일주일 만에 찰스는 웨이드 햄턴 대령이 이끄는 부대로 출발하였다. 그리고 2주일 후에는 애슐리도 싸움터로 떠나갔다. 케네디와 달튼 형제, 폰텐 형제까지도 남부에 충성을 다하겠노라고 맹세하며, 한 사람 한 사람 버지니아와 테네시의 전선으로 떠나갔다.

타라는 갑자기 텅 빈 듯 쓸쓸해졌다.

그 중에서도 스칼렛은 마음의 중심을 잃고 있었다.

애슐리가 전쟁터로 나가는 것을 전송할 겸해서 애틀랜타로 떠나는 멜라니가 스칼렛에게 말했다.

"언니, 꼭 애틀랜타에도 들러 주세요. 피티 퍼트 고모님과 함께 기다리고 있겠어요. 나는 올케 언니하고 좀더 친해지고 싶어요."

멜라니가 스칼렛을 껴안았을 때에도 그녀에게는 아무런 감동이 일어나지 않았다.

찰스가 전쟁터로 떠나고 7주째 되던 어느 날, 햄턴 대령에게서 위로의 편지가 왔다. 남편은 전투에 참가하기도 전에 남방 캐롤라이나에서 이질을 앓다가 병사하고 말았다는 것이다. 이제 스칼렛은 젊은 나이에 과부가 되고 만 것이다.

그런데 불행은 잇달아 그녀를 찾아왔다. 단 일주일밖에 안 되는 결혼 생활이었지만 스칼렛은 이미 죽은 남편의 아이를 갖고 있었던 것이다.

얼마 뒤 그녀는 사내아이를 낳았는데, 아버지의 이름을 따서 웨이드 햄턴 해밀턴이라고 이름을 지었다.

사실, 스칼렛은 임신했다는 사실을 알았을 때 차라리 죽는 게 낫다고 생각할 정도였고, 아이를 낳아도 그 아이가 자기가 낳은 아이 같다는 생각이 들지 않았다.

씩씩하고 매력 있는 청년들은 모두 싸움터로 나갔고, 타라는 시간이 지날수록 점점 쓸쓸해져 갔다.

스칼렛은 지나간 일 년 동안 갑자기 변해 버린 생활에서 충격을 받았다. 그녀는 하루 종일 우울한 표정으로 침대에 누워 지내는 일이 많았다.

어머니 엘렌을 비롯하여 유모까지도 마음 아파하며 스칼렛을 지켜보았다. 처녀 시절의 쾌활하고 말괄량이이던 그녀를 생각하면 더욱 걱정이 컸다.

의사의 권고를 받아들여 자기 몸을 돌보고 싶은 마음의 변화를 일으킨 스칼렛은 마침내 여행을 할 생각을 하게 되었다.

그녀는 난생처음으로 아이를 데리고 사바나에 있는 오하라 댁과 로비야르 댁을 방문하였고, 찰스턴에 있는 폴린 이모와 율러리 이모를 찾아보고 타라로 돌아왔다. 그렇지만 애슐리와의 추억이 남아 있는 이 고장에서 산다는 것은 커다란 괴로움이었다.

스칼렛은 또다시 간단한 준비를 하여 아들 웨이드와 유모 프리시를 데리고 타라에서 20마일쯤 떨어진 애틀랜타로 여행을 떠났다.

그녀는 지금 어떤 변화를 기다리고 있었다.

들끓는 애틀랜타

1862년 5월, 스칼렛은 애틀랜타로 왔다.

애틀랜타는 철도와 함께 생겨나서 철도와 함께 발전한 도시였다. 막막한 벌판 속에 홀연히 솟아난 이 신흥 도시는 네 개의 철도 노선이 완성되어 지금은 서부, 남부, 해안 지방 및 오거스타를 통과한 다음, 북부와 동부를 연결하는 교통의 중심지였다.

특히 남북전쟁 당시에는 남부 연방의 중요한 장소였기에, 남군의 보급 집산지였을 뿐 아니라 신설된 군수 공장들이 아침부터 웅장하게 움직이고 있었다. 인구도 어느 새 1만 명을 넘어섰고, 조지아 주에서는 가장 크고 발전된 도시의 모습을 갖추고 있었다.

스칼렛이 이 거리에 도착했을 때는, 밤새도록 내리던 세찬 비가 멎고 하늘에는 초여름의 태양이 눈부시게 빛나고 있었다.

스칼렛은 진흙이 질퍽거리는 거리를 피티 고모가 보내 준 마차를 타고 가고 있었다. 그녀는 지금 피티 고모의 집으로 가는 중이었다.

피치트리 거리는 애틀랜타의 상류사회 사람들이 사는 주택가였다. 고요한 주택가의 넓은 저택에는 피티 고모와 멜라니가, 피터라는 흑인 하인과 함께 쓸쓸하지만 기품 있게 살고 있었다. 스칼렛을 마중 나온 마차몰이꾼이 바로 피터 영감이었다.

좁다란 진흙탕 골목길을 빠져 나오자, 황토 언덕이 보였다. 피티 고모의 집은 시가지의 끄트머리에 있었는데, 붉은 기와로 지붕을 이고, 담에는 흰 페인트 칠을 했으며, 앞뜰에는 지다 남은 장수화의 꽃이 노란 별처럼 피어 있었다.

피티 고모와 멜라니는 검은 상복을 입고 스칼렛을 마중 나와 있었다. 두 사람은 부드럽고 상냥한 미소를 짓고 있었다.

피티 고모는 은빛 머리칼에 상기된 붉은 볼을 가진, 두 다리가 유난히 짧은 할머니였다. 그녀는 이야기와 맛 좋은 음식을 즐기는 마음씨 고운 예순한 살의 노처녀였다.

멜라니도 피티 고모를 닮은 듯하였으나, 그녀는 모든 인간의 악한 면에는 둔할 만큼 너그러웠다. 그녀는 어떤 악인에게서도 그 사람의 장점을 발견해 내어, 이 세상을 행복하게 살아가는 여자였다. 그녀는 온순했으며 친절과 진실, 사랑 외에는 아무것도 모르는 너그러운 성격을 가지고 있었다. 이 선량한 성격으로 말미암아 많은 사람들과 친하게 지낼 수 있었다.

그러나 스칼렛은 멜라니의 미소 띤 얼굴을 대하자, 미움의 감정이 뭉클 솟아오르는 것을 느꼈다.

멜라니는 누구보다도 스칼렛에게 친절하였다. 그녀의 우울한 표정이 찰스와 이별한 탓이라 생각하고 진심으로 동정하여 주었다. 착한 그녀는 그것이 애슐리를 잃어버린 실망감에서 오는 슬픔이라고는 생각조차 하지 못하였다.

스칼렛은 애당초 여기에 올 때는 한 달쯤 있다가 타라로 돌아갈 작정이었다. 그러나 여자 두 사람만의 생활을 쓸쓸하게 생각하고 있던 피티 고모와 멜라니는 스칼렛이 오자 힘이 나서 언제까지라도 좋으니 함께 살자고 붙잡았다.

그리고 애틀랜타 역시 지금은 한 사람의 여자 손이라도 필요할 때였다. 부상병의 간호와 헌납금 모집, 여성 단체의 조직외에도 여자들의 도움을 필요로 하는 여러 가지 일거리가 있었다. 특히 상류 계급에 속하는 부녀자들은 더욱 분주하였다.

이런 일을 맡아 보고 있는 부인으로는 메리웨더 부인, 엘싱 부인, 와이팅 부인, 의사인 미드 씨의 부인 등이 있었다.

메리웨더 부인은 키가 크고 몸집이 좋은 활동적인 중년 부인이었고, 엘싱 부인은 메리웨더 부인보다는 젊은 편이었으나 여위고 가냘픈 외모와는 다르게 너그럽고 뱃심 좋은 부인이었다. 그리고 와이팅 부인은 상당한 수완가이며 미드 부인도 이에 못지 않았다. 그녀들은 서로 세력을 확장하려 하였으며, 남의 일에도 곧잘 참견하고는 하였다.

스칼렛은 이 극성스러운 부인들에게 이끌려 멜라니와 함께 미드 박사가 세운 협회 병원의 간호 위원이 되어 일을 도와주게 되었다.

부상병 간호, 붕대 감기, 바느질 등 엄청난 양의 일들이 스칼렛을 자기 감정에만 빠져 있게 내버려두지 않았다. 처음 얼마 동안은 멜라니에 대한 나쁜 감정을 숨기려고 애썼으나, 지금은 병원 일에 쫓겨 다른 생각을 할 여유가 없었다.

그녀는 점점 원래의 자기 모습으로 돌아가고 있었다.

활기에 넘쳐 있는 애틀랜타는 스칼렛의 성격과 비슷한 점이 많았다.

'얼마나 활기차고 매력적인 곳인지 모르겠어. 난 이 거리가 마음에 쏙 들어…….'

스칼렛은 새로운 도시 애틀랜타의 새롭게 고동치는 그 매력에 사로잡히고 있었다.

그러나 부상병을 간호하는 일은 조금도 낭만적이지 않았다. 환자들의 신음 소리, 고름에서 풍겨 나오는 악취, 살풍경한 수술 광경, 그런 것을 생각하면 스칼렛은 병원에 나가는 일이 싫어졌다.

몸이 피곤해서 돌아오는 저녁이면 머리맡의 촛불을 끄고,

'애슐리가 아직 결혼하지 않았다면……. 저 병원에서의 괴로운 일이 없었으면……. 나를 사랑해 주는 사람이 있었으면…….'

하고 한숨을 쉬며 생각하곤 하였다.

스칼렛에 비하면 멜라니는 자기의 연약한 몸은 돌보지 않고 환자를 간호하는 일도 남보다 더 열심히 하였다. 그녀는 누구에게나 친절하였으며, 남이 싫어하는 일까지 기꺼이 해치웠다.

썩어 가는 상처에서 구더기를 집어내기도 하고, 의식을 잃은 환자의 목구멍에 손을 집어넣기도 했으며, 하루 종일 붕대를 감으면서도 한 마디 불평의 말이 없었다. 환자들은 그녀를 '사랑의 천사'라고 불렀다.

그녀의 마음속에는 늘 애슐리가 있었다. 그렇기 때문에 그녀는 모든

것을 이겨낼 수 있었다.

그런데 스칼렛의 생활은 달랐다. 젊은 몸으로 검은 상복을 입은 그녀는 아이까지 있는 비참한 과부였던 것이다.

화려한 자선 시장에는 참석도 못하고 남의 눈에 띄지 않도록 그늘에서만 살아야 했으며, 게다가 상류층 부인들의 감시까지 받고 있는 형편이었다.

아무리 못난 처녀라도 남자들의 귀여움을 받고, 화려한 의상으로 치장을 하고 즐겁게 바자에 참가를 하였다.

'이렇게 불공평할 수 있을까?'

스칼렛은 이러한 호화스러운 세계를 둘러보면서 실망하지 않을 수 없었다. 이렇듯 불쾌한 나날이었지만, 그녀는 그래도 이 곳 애틀랜타가 마음에 들었다.

운명을 걸고

어느 무더운 여름날 아침이었다.

스칼렛은 침실 창가에 앉아서 번잡한 거리를 바라보고 있었다. 넘실거리는 햇볕 아래 기마 장교가 오가고, 아가씨들을 태운 마차 위에는 파라솔이 흔들렸다. 밴조와 하모니카의 군가 합주대가 지나갔다.

스칼렛은 자신도 모르게 미소를 띠고는, 지나가는 기마 장교에게 손을 흔들며 기뻐하였다.

"아니, 정신이 나갔나. 침실 창문에서 과부가 손을 흔들다니……. 큰일나겠네."

피티 고모는 그녀를 떠다밀면서 꾸짖었다.

"고모님, 저는 사람들을 내다보고 있을 뿐이에요. 저도 바자에 나가 보고 싶어요."

"아아니, 뭐라고?"

마음이 약한 피티 고모는 이렇게 말하면서 어쩔 줄 몰라 하고 있었다. 그 때 마침 멜라니가 들어왔다.

"왜 그러세요? 두 분……."

그녀는 이렇게 말하면서 걱정스러운 표정을 얼굴에 나타내었다.

피티 고모는,

"찰스가 말이야!"

하고는 훌쩍훌쩍 울기 시작하였다. 스칼렛도 갑자기 슬퍼져서 따라 울기 시작하였다. 멜라니는 고모가 죽은 오빠의 이름을 끄집어내는 것을 보고,

"언니, 기운 잃지 마세요."

라고 위로해 주었다.

스칼렛은 침대 위에 쓰러져서 슬프게 울었다. 이 때 메리웨더 부인과 엘싱 부인이 마차를 타고 방문했다.

"이제 그만 그치세요. 돌아가신 오빠가 언니를 얼마나 사랑했는데요. 웨이드 일도 좀 생각하셔야지요."

멜라니는 애처롭게 스칼렛을 바라보다가, 방문객을 맞으러 아래층으로 내려갔다. 스칼렛은 베개에 얼굴을 묻고 말 못할 슬픔에 몸을 떨고 있었다.

피티 고모를 방문한 부인들은, 군인들을 위한 바자가 열리는데 본넬 부인과 맥큐르 양이 맡아 보기로 되어 있던 매점에 그 분들이 못 나오게 되었으므로, 그 대신 멜라니와 피티 고모에게 맡아 달라고 간청하였다. 피티 고모는 찰스의 상중임을 구실로 거절하였다.

그 때 기분 전환이나 할 마음으로 응접실로 내려온 스칼렛은 이 말을

들자 태연스럽게 말했다.

"우리의 힘으로 병원을 도와줄 수 있다면, 바자의 일도 기꺼이 맡아 봐야지요."

하고 자진해서 승낙하였다.

방문 온 두 부인들은 이 젊은 과부의 제안에 잠시 주춤하는 기색이었으나, 자기들의 간청이 거절당할까 두려워서 도리어 스칼렛의 대담한 제안을 좋은 기회라고 생각하였다. 그래서 부인들은,

"여러분이 함께 꼭 나오셔야 해요. 부탁합니다."

하고 말한 후 집으로 돌아갔다.

'아아, 꿈만 같아.'

스칼렛은 매점의 계산대 뒤에 앉아서 눈부신 그 곳의 광경을 놀란 눈으로 바라보았다. 이렇게 즐거운 장소에 나오기는 꼭 1년만이었다. 넓은 운동장에는 애틀랜타 시의 촛대와 촛불을 몽땅 모아온 듯한 불이 환하게 밝혀졌고, 축하 꽃다발과 화분, 여러 가지 색깔의 깃발들이 눈부시게 빛나고 있었다.

군악대 연주에 발맞추듯 씩씩하게 걸어다니는 젊은 장교와 사병들, 오늘밤을 빛내기 위해 단장한 아가씨들, 즐거운 음악과 웃음소리가 어우러져 바자회는 초저녁부터 북적대기 시작했다.

스칼렛은 매점에서 이런 광경을 바라보고는 가슴이 뿌듯하고 상쾌해지는 것을 느꼈다. 그러나 스칼렛은 잠시 후 정신을 차렸다.

'나는 찬란한 이 곳의 광경에 취해 있지만, 다른 사람들은 연방 사랑에 불타서 남군의 최후 승리를 빌며 감동하고 있는 것이다. 그건 개인적인 즐거움이 아니라, 연방을 생각하는 공적인 정의와 희생의 정열인 것이다. 그런데도 나는 혼자만의 즐거움을 맛보고 있어. 아아,

어째서 나는 저 사람들과 함께 연방의 정의를 믿고 진실해지지를 못하는 것일까!'

그런데다가 그녀의 마음을 어둡게 하는 또 하나의 사연도 있었다.

메리웨더 부인이 말한 것처럼 스칼렛이 맡아 보게 된 이 매점은 눈에 띄지 않는 구석에 있었다. 게다가 상복을 입은 여자가 가게 주인이니, 이 매점에는 사람들이 통 찾아오지 않는 것이다.

음악이 갑자기 명랑한 곡조로 바뀌었을 때, 군중 사이를 빠져 나오면서 이쪽으로 걸어오는 남자가 한 사람 있었다. 그는 떡 벌어진 어깨에 검은 양복을 멋있게 차려입고, 마치 인도 사람처럼 사뿐사뿐 걷고 있었다. 니스 칠을 한 반장화를 찍찍거리면서 눈동자에는 미소를 담뿍 싣고, 짧게 다듬은 콧수염 밑으로 하얀 이를 드러내 보이면서, 그는 똑바로 스칼렛을 향하여 걸어오고 있었다.

여기저기서 수군거리는 사람들의 소리가 들렸다.

"저 분이 바로 봉쇄 망을 뚫고 남군에게 필요한 물자를 공급해 주고 있는 모험가야."

"그래요. 저 분이 그 용감한 레트 버틀러 씨예요."

그 순간 전기가 통하는 것처럼 이상한 느낌이 스칼렛의 온몸을 스쳐 갔다. 스칼렛은,

'아아, 바로 그 사나이야. 내 비밀을 엿듣던 해적 같은 사나이…….'
라고 생각한 순간, 그가 뚜벅뚜벅 계산대 있는 쪽으로 다가왔다. 그는 태연하게 계산대에 기대면서,

"여어, 오하라 양! 정말 오래간만이오."
하고 우렁찬 음성으로 말을 건네 왔다. 그 때였다.

"아니, 레트 버틀러 씨 아니세요?"
멜라니가 반가워하며 그에게 손을 내밀었다.

"레트 버틀러 씨, 이 분은 이제 오하라 양이 아닙니다. 우리 오빠 찰스의 부인이에요."

"이거, 실례했습니다. 그런데 두 분의 남편분들도 오늘밤 참석하셨나요?"

"제 남편은 버지니아에 출전 중이에요."

멜라니는 자랑스럽게 말하였다.

"그런데 찰스 오빠는……"

멜라니는 더이상 말을 잇지 못한 채 고개를 숙이고 말았다.

"제 남편은 전사했어요."

스칼렛이 내뱉듯이 말하였다. 이런 사람과 말을 한다는 것조차 불쾌하다는 말투였다.

"네에, 그랬군요. 거 참 안됐습니다. 젊은 나이에 미망인이 되시다니, 전쟁의 비극이군요."

레트는 빙글빙글 웃으며 비꼬듯 말하였다.

"그럼, 오늘밤이 첫 외출이겠군요."

"네, 그래요. 이 매점을 맡은 분들이 갑자기 급한 일이 생겨서요. 그래서 저희가 대신 나온 거예요."

'뭐, 이런 사나이가 남부에 물자를 목숨 걸고서 보내 온다고? 흥! 뭐가 숨은 영웅이야. 애틀랜타 사람들은 아무것도 모르고 영웅이니 뭐니 하고 떠들지만, 남의 비밀을 쥐고 기뻐하는 이런 악당을 어느 누가 존경한단 말야!'

스칼렛은 레트를 노려보았다. 그러나 레트는 아무렇지도 않다는 듯 웃고만 있었다.

"언제나 생각하고 있던 것이지만, 여자들을 한평생 가둬 두는 풍습은 정말 야만적인 풍습이오."

"그건 비꼬는 말씀인가요?"

"아니, 비꼬다니요? 천만의 말씀……. 아리따운 부인! 당신의 놀라운 비밀을 누설하지는 않겠습니다."

"뭐라고요?"

"나는 당신이 염려할까 봐 걱정하지 말라고 하는 이야기입니다."

스칼렛은 그의 눈을 쏘아보았으나, 악의 없는 그의 시선과 부딪치자 갑자기 웃음이 터지고 말았다. 레트도 따라서 크게 웃었다. 그 웃음소리가 얼마나 컸던지 주변 사람들이 모두 돌아다보았다.

그 때, 북 치는 소리가 어디선가 잇달아 났다.

"쉿! 쉿!"

하는 소리가 나더니, 이어서 박수 갈채 속에서 미드 박사가 연단에 나타났다.

미드 박사의 연설은, 남부의 부상병들에게 필요한 약품을 위험을 무릅쓰고 들여온 레트에 대한 찬사로 시작하여, 숙녀 여러분들도 몸에 지니고 있는 보석을 동맹을 위하여 헌납해 주십사 하는 것으로 끝났다.

이어서 위원들은 헌납통을 들고 돌기 시작하였다. 부인들의 목걸이며 반지들이 하나 둘 통을 채우고 있었다. 위원 중 한 사람이 점점 스칼렛 쪽으로 다가오고 있었다. 스칼렛은 당황하였다. 오늘밤은 상복을 입고 나왔기 때문에 보석이 하나도 없었다.

'어떻게 하면 좋을까!'

그녀는 얼굴이 홍당무처럼 빨개졌다. 레트는 금으로 만든 값진 담배 상자를 대수롭지 않다는 듯 던져 넣었다. 헌납 통을 든 키 작은 사나이는 당황하고 있는 스칼렛의 표정을 살핀 후, 다른 곳으로 가려고 발을 떼었다.

"잠깐만! 이걸 받아 주세요."

스칼렛은 정신나간 사람처럼 찰스가 준 약혼 반지를 손가락에서 빼내어 통 속으로 집어넣었다. 멜라니도 감격하여 애슐리로부터 받은 반지를 통 속에 넣었다.

이 광경을 처음부터 지켜보던 레트가,

"참으로 훌륭한 희생정신입니다. 정말 감동했습니다."

하고 감동 어린 표정으로 멜라니에게 말하였다. 그 말투는 스칼렛을 대할 때와는 딴판으로 아주 점잖았다. 멜라니는 존경하는 마음으로 그의 말을 듣고 있었으며, 때로는 칭찬까지 하였다.

"뭐, 봉쇄선을 돌파한 용사라고! 허허 참, 거창한 말씀이오. 나는 남부 모든 주에 충성을 바치고 있지 않습니다. 오직 돈벌이를 위해 하는 거죠. 도대체 봉쇄선을 그렇게 쉽게 뚫을 수 있다고 생각하십니까? 거기에는 어려운 일이 있게 마련이지요.

북부 사람들과 내통도 하고, 전쟁은 전쟁, 장사는 장사, 이렇게 서로 돈벌이에 눈이 시뻘겋단 말입니다. 조금 전만 하여도, 나는 뉴욕에 배를 대놓고 비밀리에 물품을 사오지 않았겠소. 하하하, 굉장한 애국자죠? 그러나 이 전쟁은 남부의 패배로 끝납니다. 그러니까 지금은 돈이라도 벌어 두는 것이 현명하죠!"

스칼렛은 이 사나이가 한시 바삐 눈앞에서 사라지기를 바랐다.

또다시,

"쉿! 조용히 합시다!"

하는 소리가 들렸다. 미드 박사가 단상에서 연설을 하기 시작하였다.

"신사 숙녀 여러분! 지금부터 무도회가 시작됩니다. 처음 순서는 말할 것도 없이 릴입니다. 그것에 이어 왈츠가 되겠습니다. 부탁드릴 말씀은 여러분께서는 선택한 상대 여자분 앞으로 권리금을 지불해 주십시오. 특히 맨 처음 시작되는 릴의 앞장을 서는 영광을 얻으시려는 분은, 원하시는 부인에게 최고의 금액을 걸어 주십시오. 그 수입은 몽땅 병원의 구제 비용으로 충당될 것입니다."

나이 많은 부인들은 아무리 헌납금을 모으기 위해서라고는 하여도, 이것은 '여자 노예의 경매'와도 같다고 불만을 나타냈다. 그러나 자위단과 군인들은 박수로써 찬성하였다. 그 곳에 모인 젊은 아가씨들의 얼굴은 홍당무처럼 빨개졌다.

그 때 한 사람이 소리쳤다.

"메이벨 메리웨더 양에게 20달러!"

메이벨 양은 자랑과 수줍음을 이기지 못하는 듯 보였다.

계산대에 한쪽 팔꿈치를 괸 스칼렛은, 이 소동을 먼 나라의 일인 것처럼 멍하니 바라보고 있었다.

오늘밤의 인기는 메이벨이 당연히 제일이었다. 스칼렛의 마음에는 다시금 우울함이 안개처럼 퍼져 나갔다.

바로 그 때였다. 레트가 스칼렛을 힐끔 쳐다보더니,

"찰스 해밀턴 미망인에게 150달러!"

하고 소리쳤다.

'상복을 입은 나에게 릴의 앞장을 서게 하다니……'

스칼렛은 순간 아연실색하고 말았다. 사람들도 아무 말 없이 스칼렛을 바라보았다. 미드 박사는 당황하면서,

"다른 분을 택하시지요."

하고 말하였으나, 레드는 대답하였다.

"절대 안 되오! 찰스 해밀턴 부인이라야 하오!"

레트는 와자지껄하며 놀라는 군중들을 본 척 만 척하고는 스칼렛의 손을 잡고 릴의 앞장에 나섰다. 드디어 음악이 흐르고, 사람들은 춤을 추기 시작하였다.

"아니, 이건 전대미문의 일인 걸. 애틀랜타가 생긴 이후로 처음 보는 희한한 일이야. 상복을 입은 과부가 춤을 추다니……. 거참, 오래 살다 보니 별일 다 보네."

노인들은 비난의 소리를 멈추지 않았고, 부인들도 기가 막힌 듯 마룻바닥을 동동 구르며 반대의 의견을 말하였다.

그러나 스칼렛은 군인들의 박수 갈채를 받으면서, 상기된 얼굴로 레트와 빙글빙글 돌며 춤을 추기 시작했다. 멜라니의 못마땅해하는 눈초리를 느끼기는 하였으나, 이 자랑스러움과 즐거움 앞에서는 아무런 가책도 받지 않았다.

'상대가 밉살스럽고 비열한 레트 버틀러라고 해도 괜찮아. 나의 젊음을 썩히는 것보다는…….'

스칼렛은 이렇게 생각하였다. 건장한 남자의 팔에 안겨 음악의 흐름에 도취된 그녀는 마치 꿈꾸는 사람처럼 황홀하였다. 그러나 한편으로 그녀는 심한 모욕감도 느꼈다.

'이건 레트의 고의적인 장난인지도 몰라. 애틀랜타에서 나를 막돼 먹은 계집이라고 소문을 퍼뜨리기 위해…….'

순간 이런 생각이 머리에 떠오른 것이다.

"레트, 왜 이런 짓을 저질렀어요?"

스칼렛은 춤을 추면서도, 이상한 기분에 사로잡혀 이렇게 물었다.

"당신이 춤을 추고 싶어하는 것 같았기 때문이죠. 당신도 사실은 이렇게 되는 걸 원하고 있었지요, 해밀턴 부인?"

"그렇지만 이건 사람의 도리에 어긋나는 일이에요."

"사람의 도리라고요? 흥, 그런 건 다 농담에 지나지 않아요."

"그건 난폭한 말씀이에요."

"난폭하다고? 그러나 난 체면보다는 난폭한 쪽을 택하겠소. 당신부터라도 체면이니 모욕이니 하는 것 다 잊어버려요. 광적으로 열중할 수 있는 일이 가치가 있는 것 아니겠소! 언젠가 그 떡갈나무 집에서 일어난 그 사건 말이오. 그 장면을 나는 지금도 기억하고 있소. 바로 그런 데에 당신의 매력이 있는 거요. 그렇지 않으면 당신도 역시 평범한 여자에 지나지 않소."

"아아, 아무쪼록 그 때의 일은 잊어 주세요."

"아니, 잊을 수가 없소. 아일랜드의 피를 이어받고, 얌전히 자라난 남부의 여자……. 정말 좋은데, 자유스럽고 열정적이고……."

그날 밤 스칼렛은 이상야릇한 마음으로 그와 함께 왈츠와 폴카, 마주르카를 미친 듯이 추었다.

미움인가 사랑인가

다음날 아침이 되었다. 애틀랜타의 거리는 두 사람을 비난하는 소리들로 들끓었다. 어제까지만 해도 봉쇄선을 돌파한 영웅으로 존경을 받던 레트는, 이미 그 명예를 잃어버리고 이름난 바람둥이가 되어 지나간 날들의 불미스러웠던 일까지 폭로되었다.

스칼렛 역시 수절하던 미망인의 자격을 잃고 말았다. 그러나 스칼렛은 늠름하였다.

그녀는 더욱 반항적인 모습으로 세상의 비난과 맞섰다. 마음이 약한 피티 고모는 보기 딱할 만큼 풀이 죽었고, 멜라니까지도 침묵을 지켰다.

'아아, 이제는 집 안에만 있는 것도 지긋지긋해졌어. 어젯밤 일을 이제 와서 지울 수도 없고, 그런 건 사실 문제도 되지 않지만……'

스칼렛은 어젯밤 자위단 회원들과 군인들이 얼마나 자기와 춤을 추고 싶어했는가를 생각하면 가슴이 두근거렸다.

'나는 내 마음대로 하면 그만이야. 할머니들이 뭐라고 욕을 해도 욕설이 뱃속까지 들어오나 뭐. 미망인이라고 동정을 받는 것도 이제는 진저리가 나.'

그러나 한편으론 이런 생각도 들었다.

'만약 이 일을 어머니가 아신다면……'

그 생각을 하자 스칼렛의 마음은 다시 어두워졌다. 세상의 비난과 멸시는 무섭지 않으나, 어머니의 비애와 책망만은 두려웠던 것이다.

나쁜 소문은 금방 퍼져 나갔다. 곧 어머니 엘렌에게서 꾸지람의 편지가 왔으며, 아버지 제럴드가 온다고 하였다. 스칼렛도 일이 커지자 어쩔 줄 몰라 하였다. 제럴드는 편지가 도착한 지 얼마 안 되어서 애틀랜타에 도착하였다. 레트와 담판을 지으려는 것이었다.

그날 밤, 레트를 만나러 나간 제럴드는 술과 도박에 빠져 넋빠진 사람처럼 되어 돌아왔다. 카드와 술을 좋아하는 제럴드의 버릇을 레트는 잘 알고 있었던 것 같았다. 하여튼 대단한 기세로 나간 아버지가 아무런 성과도 못 얻고 왔을 뿐만 아니라, 500달러나 되는 돈을 도박장에서 잃고 온 것도 이상한 일이었다. 생각하면 할수록 레트 버틀러라는 사나이의 정체가 스칼렛에게는 수수께끼 같았다.

그런데 레트는 스칼렛에게만 정체가 불투명한 사나이가 아니었다. 그는 남의 약점을 교묘하게 틀어잡고는, 그 사람을 자기 손아귀에 넣어 버리는 이상한 힘을 가진 사나이였다.

피티 고모도 마찬가지였다. 그녀는 군인을 위한 바자회 후, 레트와 스칼렛의 추문을 두려워한 나머지 바깥 출입도 자제하고 있었다. 그러나 레트가 나타날 때마다 그녀에게 주는 선물들, 즉 바늘과 단추와 머리핀 같은 작은 선물들 앞에서는 꼼짝도 못하였다. 고모는 뒤에서는 레트를 욕하면서도, 그를 만나면 꼼짝도 못하였다.

피티 고모는 레트가 주는 선물도 좋아했지만, 외로울 때 그가 방문해 주는 것이 더욱 마음에 들었던 것이다. 그래서 고모는 레트의 방문을 은근히 묵인해 주고 있었다.

멜라니만은 그런 식으로 농락할 수 없다고 생각한 레트는 방법을 바꾸었다. 그는 지난 바자회 때 멜라니가 헌납한 반지를 되찾아서 도로 보내 준 것이었다. 순진한 멜라니가 감격한 것은 물론이었다.

멜라니는 이 일이 있은 뒤부터, 레트를 세상에서 보기 드문 세련되고 섬세한 감정을 지닌 신사라고 생각하게 되었다. 레트 역시 멜라니를 대할 때는 전혀 다른 사람을 대하듯 정중하고 고상하게 행동하였다.

'저 분의 비꼼이나 신랄한 비판은 저 분이 정말 따뜻한 정을 맛보지 못했기 때문에 나오는 걸 거야. 저 분에게 필요한 것은 착한 여자의

사랑이야. 아, 저 분은 가엾은 사람이야.'

이렇게 생각한 멜라니는 다른 사람들이 그를 비방하면 할수록 그를 부드럽게 대해 주었다.

레트와 멜라니의 이런 관계를 옆에서 지켜볼 때마다 스칼렛은 가끔 이유 모를 우울증에 사로잡히곤 하였다. 몸이 약한 멜라니는 애국 운동에 아주 헌신적이었다. 그녀는 종종 이런 말을 하곤 하였다.

"애슐리와 레트 씨는 같은 뜻을 가지고 있어요. 표현이 서로 다를 뿐이지, 남북전쟁에 대한 생각은 마찬가지예요. 지난번 애슐리가 보낸 편지에도, 남북전쟁이 인간에게 주는 것은 오직 굴욕과 비참함뿐이라고 썼거든요. 레트 씨도 비슷한 말씀을 하셨죠. 다만 표현이 좀 거칠 뿐이에요."

스칼렛은 멜라니가 저 비열한 인간과 애슐리를 비교하는 것을 참을 수 없었다. 더욱이 애틀랜타 사람들은 레트를 전쟁 모리배니, 매국노니 하며 욕을 하고 있었다.

그런데도 불구하고 사람들이 레트를 비난하면 할수록, 멜라니는 그를 변호하려 하였다.

또 이런 일도 있었다.

전쟁이 시작된 이래로 남군의 후방 기지가 된 애틀랜타 시에는 사방에서 별의별 사람들이 다 모여들었다. 그 중에는 술집을 경영하는 벨 와틀링이라는 여자도 있었다.

그녀는 키가 크고 미인이었는데, 언제나 남의 눈에 띄는 화려한 옷을 입고 짙은 화장을 하고 다녔다. 애틀랜타의 상류 부인들은 벨을 마귀 대하듯 싫어하였다.

어느 날, 멜라니는 병원으로 가는 도중 벨을 만났다. 그 때 검정 모자에 검정 옷을 입고 화장도 하지 않은 벨이 두려운 듯이 멜라니에게 말하였다. 자기의 돈을 남군에게 헌납하고 싶은데 받아 달라는 것이었다.

멜라니는 달아나고 싶은 마음에 움찔하였으나, 한편으로는 이 술집 여자의 순수함에 감격하였다. 그녀는 벨이 싸서 내민 손수건을 받고, 헌납에 필요한 수속을 해 주었다.

멜라니에게 그 이야기를 들은 스칼렛은 뱃심 좋은 부인들도 외면하는 벨을 상대해 준 멜라니의 이런 행동에 질려 버렸다. 게다가 벨이 돈을 싸 준 손수건에는 R.K.B.라는 이름 약자가 수놓아져 있었던 것이다.

스칼렛은 지난날 레트와 들놀이를 갔을 때에 야생화 포기를 싸기 위하여 레트의 손수건을 빌린 일이 있었다. 그런데 그 손수건과 벨의 손수건은 똑같은 것이었다. 떠도는 소문으로는 벨이 레트와 사귀었으며, 그 술집도 레트가 도와주어 경영하고 있다는 것이었다.

스칼렛은 매우 불쾌하였다. 그녀는,

'레트는 이런 여자와 함께 있다가도 능청맞게 양가의 부녀자들을 방문하는 거야! 아이, 더러워! 레트는 비열한 남자야.'

하고 생각하면서도 막상 레트가 찾아오면 스칼렛은 즐거워졌다.

그녀는 그가 권하는 대로 마차를 타고 들놀이, 댄스 파티, 바자회 등에 같이 갔다.

그녀는 병원까지 마차로 전송을 받기도 하였다. 그녀의 비밀을 알고 있기 때문이라는 이유도 있지만, 이 사나이에게는 스칼렛을 끌어당기는 매력이 숨어 있었다.

레트는 밀항하여 돌아올 때마다 스칼렛을 찾았다. 그는 그 때마다 사치스러운 스칼렛을 매혹시킬 만한 선물을 가지고 돌아왔다. 그리고 꿈 같은 파리 이야기를 해 주며 스칼렛을 설레게 하였다.

"우리가 처음 만났을 때, 당신이 숙녀가 아니라는 건 이미 알고 있었소. 당신도 인정하였고. 나는 굉장한 선물로 당신의 소녀 같은 꿈을 깨게 하고, 당신이 내 마음대로 움직일 때까지 유혹하겠소."

스칼렛이 약이 올라 대꾸를 하면, 그는 마치 어른이 어린아이를 다루듯이 미소로 슬쩍 얼버무렸다.

그는,

"당신의 그 반성하지 않고 제멋대로 날뛰는 점이 재미있어요, 하하하!"

하거나,

"당신이나 나나 제대로 살아가기는 이미 다 틀렸어."

하고 비꼬기도 하였다. 또 그는,

"애슐리는 단념하시오. 그게 당신에게도 이로울 것이오."

하고 함부로 쏘아붙이기도 하였다.

그렇다고 해서 레트가 스칼렛에게 사랑을 속삭이는 것도 아니고, 그녀를 둘러싸고 있는 남자들을 질투하는 것도 아니었다.

어느 날 아침이었다. 레트는 새 깃이 달린 값비싼 모자를 스칼렛에게 선물로 주었다. 스칼렛이 기뻐하는 것을 보고,

"당신에게 숙녀로서 받아서는 안 될 선물을 준 건 누구지요?"

라고 말하였다.

"레트, 김칫국부터 마시는군요."

"아니, 나는 누구와도 결혼하고 싶지 않소. 그러나 당신쯤 되면 생각해 볼 수도 있지."

"뭐라고요? 당신은……."

스칼렛은 얼굴이 새빨갛게 달아올라서 발을 동동 굴렀다.

"허허, 이거 대단한 폭풍인데. 너무 그렇게 화내지 말아요. 젊은 부인이 화내는 걸 보면 내 마음이 아프오. 어디 키스나 한 번 해 드릴까?"

레트는 이렇게 말하고 자연스럽게 허리를 굽혔다. 그녀는 악의 없는

그의 눈빛을 보고는 자기도 모르게 웃음을 터뜨리고 말았다.

스칼렛은 레트의 방문이 즐거우면서도, 애슐리를 생각하면 레트가 한없이 미워지기도 하였다.

'애슐리는 전쟁의 참된 모습을 알면서도 그걸 위해 죽으려 하였다. 그러나 레트는 그렇지 않다.'

스칼렛은 이런 생각이 떠오르자 자신이 애슐리를 생각하는 마음이 변하지 않았다는 것을 깨닫고 깜짝 놀랐다.

위기에 빠진 남군

전쟁은 서로 한 치의 양보도 없이 진행되었다. 그러나 전체적으로 볼 때 남군 쪽이 점점 불리한 상황으로 빠져 들었다. 북군의 군함이 남부의 해안을 완전히 봉쇄했기 때문에 물자가 날로 귀해져 갔다.

남부 모든 주의 화폐 가치는 갑자기 떨어지고, 식료품과 의료품 값은 하늘 높은 줄 모르고 뛰어올랐다. 병원은 부상병으로 가득 찼고, 키니네며 클로로포름, 모르핀, 요오드 같은 약품도 턱없이 모자랐다. 피 묻은 붕대는 세탁해서 두세 번 사용하기도 하였다.

교외에 있는 전사자의 무덤은 날로 늘어만 갔고, 병기와 탄약은 떨어졌으며, 무기 없이 싸우는 병사도 많았다.

레트의 예측이 들어맞았던 것이다. 남부 해안을 봉쇄당한 현재, 남부 모든 주의 재산이라고 할 수 있는 목화를 영국에 팔려고 해도 길이 막혀 꼼짝도 못하고 있었다.

간혹 목화를 팔아서 탄약이나 물자로 바꿨다 치더라도, 봉쇄선을 돌파하는 것은 여간 어려운 일이 아니었다.

1863년 봄에는 어느 가정을 막론하고 곤궁과 결핍이 절정에 이르렀다. 이따금 남군이 부분적으로 승리했다는 소식이 침체에 빠진 사람들에게 생기를 불어넣어 줄 뿐이었다. 그러나 그 때의 사정은 남군을 한 발 한 발 궁지로 몰아넣고 있었다.

미주리 주, 켄터키 주, 테네시 주, 버지니아 주 등에서 남군은 북군의 반격을 받았고, 5월 중순에는 빅스버그가 북군의 그랜트 장군에게 점령당하고 말았다. 그들은 점령한 지역에 심한 보복을 가하였다. 그뿐만 아니라, 물결처럼 밀려 들어온 북군은 남군을 완전히 포위하고 말았다.

이렇듯 남부의 모든 주는 해안과 육지에서 포위당하여 마치 독 안에 든 쥐 같았다. 남부의 주민들은 동부 전선에서 고군분투하고 있는 리 장군에게 마지막으로 희망을 걸고 있었다.

"리 장군이 펜실베이니아로 진격했다."

"리 장군이 완전히 적군을 제압하였다."

이런 헛소문이 퍼지기도 하였다.

이러한 우울한 공기가 애틀랜타를 뒤덮고 있을 때, 레트의 태도는 완전히 달라졌다.

그는 입을 열기만 하면 남군의 무모한 행동을 욕하고, 열렬한 애국자들을 조롱하였다. 그리고 남군측의 군수업자들이 모래 섞인 설탕과 썩은 밀가루와 낡아빠진 가죽을 터무니없이 비싼 값으로 팔아먹고 있다는 사실을 폭로하고, 이들 애국자의 가면을 쓴 사람들과 정부 고관들의 돈거래 사실을 신랄하게 풍자하였다. 겉으로만 애국자인 척하는 위선자들을 대하면, 장소를 가리지 않고 독한 말을 퍼부었다. 그리고 그 장단에 춤을 추는 시민들은 얼빠진 사람들이라고 야유하였다.

그리고 레트 자신은,

"나는 전쟁 부자지!"

라고 당당하게 말하기도 하였다.

그는 끊임없이 봉쇄선을 넘나들며 목화를 영국이나 캐나다로 밀수출하여 남부의 모든 주가 필사적으로 요구하는 군수품을 수입해 왔다.

이러한 위험천만의 모험을 거듭하면서도 그는 이상스럽게도 운이 좋은 것 같았다. 남들이 어려운 생활을 하면 할수록 그의 사치스러운 생활은 심해지는 듯이 보였다.

"저 놈은 남부를 모욕하고 있어."

시민들은 저마다 한 마디씩 하였다. 파티에서도 레트가 나타나면 남자들은 일부러 냉랭한 표정을 지었고, 여자들은 자기 딸들을 그와 가까이 지내지 못하게 하였다.

바람둥이, 직업 도박꾼 등 과거의 경력이 새삼 욕설의 대상이 되었다.

이렇게 혼란스러운 전쟁 상황에서 만약 그가 가장 용감하고 민첩한 봉쇄선의 돌파자가 아니었던들, 벌써 이 거리에서 추방당하고 말았을 것이다.

7월 3일자로 북부와의 모든 전화 연락이 끊어지고 말았다. 리 장군의 부대가 펜실베이니아 부근의 조그만 마을 게티스버그에서 고전중이라는 보도가 애틀랜타의 사령부에 전해진 것은 저녁때가 다 되어서였다. 사랑하는 남편이나 자식을 전선에 보낸 가정에서는 잠시도 마음을 놓지 못하고 있었다.

며칠이 지나 7월 5일이 되자, 북부에서뿐만 아니라, 서부에서도 불길한 소식이 전해졌다. 빅스버그가 함락되고 남군이 두 쪽으로 잘려졌다는 것이었다. 사람들은 눈썹을 찌푸리고 이를 악물면서 초조감과 절망 속으로 빠져 들어갔다. 그들이 할 수 있는 일이란 오직 리 장군의 건투를 비는 것뿐이었다.

신문사 앞에는 전사자 명단 발표를 들으려는 사람들이 앞다투어 밀려들었다.

스칼렛과 멜라니와 피티 고모 세 사람도 신문사 앞으로 나갔다.

그 날은 이 지방 출신의 군단이 격전 끝에 고전중이라는 보도가 떠돌았으므로 친지들을 전쟁터로 내보낸 사람들은 흥분과 공포에 떨면서 게시판 앞에 모여들었다.

아직 전사자의 명단은 발표되지 않았다.

그 때였다. 호사스러운 차림의 레트가 말을 타고 스칼렛이 있는 쪽으로 다가왔다. 군중들은 동요하기 시작했다.

"매국노!"

"사기꾼!"

하고 쑥덕거리는 소리가 들려왔다.

그러나 그는 유유히 말을 몰고 세 여인에게 다가가서 인사를 하였다.

"나는 지금까지 사령부에 있었소. 전사자 명단이 도착되었기에 당신들에게 알려 주려고 오는 길이오."

그 때 신문사 창문 옆에 전사자 명단이 적힌 인쇄물이 나붙었다. 레트는 군중 쪽으로 말을 몰고 들어가더니, 재빠르게 한 장 얻어서 세 여인에게 갖다 주고는 어디론가 사라져 버렸다.

남보다 몇 배나 당당한 체격을 가지고도 전쟁에 안 나가고, 돈과 독설로 시내의 풍기를 문란하게 하는 놈, 군중은 분노의 눈초리로 그의 뒷모습을 쏘아보았다.

"아아, 애슐리는 부상도 입지 않았어."

세 여인은 눈물을 흘리면서 기뻐하였다. 그러나 그들의 기쁨 뒤에는 많은 전사자 가족들의 슬픔이 있었다.

애틀랜타에 사는 미드 박사의 아들도 전사하였다. 타라에서는 달튼 가의 쌍둥이 형제와 또 다른 형이 전사하였고, 그밖에 스칼렛이 아는 이름만 하여도 레이포드, 폰테인, 조세프, 케이, 먼로 등 헤아릴 수 없

이 많았다. 스칼렛은 두려움에 몸이 떨려 더 이상 읽어 내려갈 용기가
나지 않았다.

공포에 질린 그녀의 귀에,

"리 장군도 패전했다네. 메릴랜드로 후퇴한 모양이야."

라는 소리가 들려왔다.

슬픈 소식

버지니아까지 물러난 부대는 라피던에서 겨울을 지내게 되었다.

애슐리는 오랜만에 휴가를 얻어 집으로 돌아왔다. 그의 아름다운 금
발은 햇볕에 그을려 잿빛 실오라기 같았고, 구릿빛 얼굴은 여위어서 꿈
꾸는 듯했던 옛날의 눈동자는 찾아볼 수 없었다. 기마병처럼 길게 깎은
콧수염, 누덕누덕 기운 군복……. 그러나 그에게는 믿음직스러운 군인
의 모습이 보였다.

스칼렛은 싸움터에서 돌아온 사랑하는 사람의 모습을 살펴보았다. 그
러나 애슐리 곁에는 늘 멜라니가 있었다. 그뿐 아니라, 애슐리의 누이동
생 인디어와 하니도 그의 옆을 떠나지 않아서 스칼렛이 끼어들 틈이 없
었다.

"스칼렛! 여전히 아름답군요."

하면서 애슐리는 의무적인 키스를 했을 따름이었다. 스칼렛은 애슐리와
단둘이 이야기할 수 있는 기회를 얻지 못하고 있었다.

애슐리는 집안 사람들과 이야기할 때는 전선에서 있었던 재미있는
이야기만 들려줄 뿐, 자기의 공이나 무서운 전투 장면은 이야기하려 하
지 않았다. 그의 겸손하고 자상한 마음씨를 볼수록 스칼렛의 마음은 그
에게로 끌려들었다.

저녁식사가 끝나자 애슐리와 멜라니는 다정하게 방으로 들어갔다. 스칼렛의 마음은 쓰라렸다.

크리스마스가 끝나자 애슐리는 다시 전선으로 돌아가게 되었다. 일주일 동안의 휴가는 눈 깜짝할 새에 지나가 버렸다.

사랑하는 사람을 전쟁터로 떠나 보내는 날, 스칼렛은 마음이 놓이지 않아 안절부절 못했다. 일주일 동안, 스칼렛은 끝내 두 사람만이 있을 수 있는 기회를 갖지 못했기 때문이다.

그런데 마침내 기회가 왔다. 가족들 모두가 정거장까지 그를 전송하게 되었고, 스칼렛 혼자 집을 지키게 되었다.

"애슐리, 몸조심 하세요."

막상 대하고 보니, 하고 싶은 말이 입 밖에 나오지 않았다. 장화에 부딪히는 사벨 소리와 박차의 달가닥거리는 소리만이 스칼렛의 온 신경을 건드리고 있었다.

"이건 제 선물이니 받아 주세요."

스칼렛은 남몰래 숨겨 둔, 중국 비단으로 만든 허리띠를 내밀었다. 그것은 몇 달 전 레트가 하바나에서 가져다 준 숄인데, 스칼렛이 허리띠로 고쳐 만든 것이었다.

"스칼렛, 이렇게 훌륭한 선물을……. 고맙게 받겠소."

애슐리의 허리에 띠를 매주는 스칼렛의 눈에 눈물이 글썽거렸다.

"스칼렛, 당신에게 꼭 부탁할 말이 있소. 나 대신 멜라니를 잘 돌봐 주시오. 당신은 이 집안에서 가장 용감하고 굳세니까. 이번 전투는 아마 마지막이 될 거요. 물론 우리는 북군에게 패배하리라는 걸 각오하고 있소. 버지니아에는 지금쯤 눈이 많이 내리고 있을 거요. 그런데 남군 병사들은 신발이 없어서 헝겊 조각으로 발을 싸매고 북군과 싸우고 있단 말이오. 나는 끝까지 남부를 위해 싸울 결심이지만, 승리하기란 아주 어렵소. 그리고 나 자신도 앞으로 어떻게 될지 모르고……."

"아아, 애슐리. 그런 말은 하지 말아요."

"나도 이런 말은 하고 싶지 않소. 그래서 가족들에게는 재미있는 이야기만 했던 것이오. 그러나 북군의 상황을 살펴볼 때, 나는 불행한 최후를 생각하지 않을 수 없소. 북군은 유럽으로부터 얼마든지 새로운 인원을 고용할 수 있고, 물자가 풍부한데다가 병기와 탄약도 충분하오. 그러니까……."

스칼렛은 애슐리의 입에서 직접 이런 이야기를 듣게 되자, 말할 수 없는 슬픔을 느꼈다.

"애슐리, 저는 당신을 보내고 싶지 않아요."

"자아, 용기를 내야지. 당신마저 그런다면 나는 안심하고 떠날 수가 없소. 당신은 훌륭하고 강하고 착한 사람이오! 얼굴이 아름다울 뿐만 아니라, 육체와 정신 그 모두가 아름답소. 스칼렛, 나하고 약속해 주시오."

"네, 약속하겠어요."

스칼렛은 애슐리의 칭찬을 듣는 것만으로도 행복하였다.

'아아, 애슐리가 나를 아름답다고 했어.'

스칼렛은 너무도 기뻤다. 마차 준비가 끝났다. 애슐리는 나지막한 목소리로,

"그럼 안녕!"

하면서 걸음을 옮겼다. 스칼렛은 깜짝 놀라면서 그를 붙잡았다.

"이별의 키스를 해 주셔야지요!"

스칼렛은 속삭이듯 말하였다. 애슐리는 그녀를 살짝 껴안았다. 그러자 스칼렛은 힘껏 그의 목을 껴안았다. 애슐리는 창백한 얼굴로 비틀비틀 물러서면서 모자를 마룻바닥에 떨어뜨렸다. 그러고는,

"안 돼요, 스칼렛!"

하면서 그의 목을 감고 있는 스칼렛의 손을 풀려고 하였다.

"애슐리! 저는, 저는 당신을 사랑해요. 벌써 오래 전부터……. 저를 사랑한다고 한 마디만 해 주세요. 저는 그 말만 들으면 살아 나갈 수 있어요."

순간 애슐리가 그녀의 몸을 잡아당겼다. 그러나 이내 모자를 줍기 위해 몸을 굽히고 말았다. 그러고 나서 쉰 듯한 목소리로,

"잘 있어요."

하면서 이 세상에서 가장 불행해 보이는 얼굴로 마차 쪽으로 뛰어 내려갔다.

'아아, 애슐리! 당신은 조국을 위해 눈 내리는 버지니아 전선으로 떠나가 버리는군요.'

스칼렛은 멍하니 허공을 바라보며 몸을 떨었다.

1864년 1월과 2월은 찬비와 바람 속에 지나갔다. 남군은 북군의 공격을 받고 달아나 버렸다. 그러나 아직도 남부 정신만은 왕성하였다. 이미 승리의 꿈을 버리기는 하였으나, 사람들은 이를 악물고 참았다.

해안의 봉쇄망은 더욱 경비가 심해져서 봉쇄선 돌파는 거의 불가능했고, 봉쇄선을 돌파하는 밀수 선박의 숫자도 손꼽을 정도로 줄어들었다.

제럴드 오하라 댁에서는, 3년 동안 목화를 전혀 팔지 못하고 창고에 쌓아 두고 있었다. 리버풀까지만 운반하면 15만 달러에 팔 수 있는 목화가 창고에서 고스란히 썩고 있는 것이었다.

제럴드뿐만이 아니었다. 목화 재배를 유일한 소득원으로 삼고 있는 남부의 어느 마을이나 사정은 마찬가지였다. 이런 틈을 타서 돈을 버는 사람들도 늘어나고 있었다.

특히 레트에 대한 사람들의 분노는 대단하였다. 레트는 봉쇄선 돌파가 어려워지자, 가지고 있던 선박을 모두 팔고 지금은 식료품을 가지고 투기를 하고 있었다.

'아, 전쟁만 끝나면……'

스칼렛은 늘 이 생각만 하였다.

'애슐리는 분명히 나를 사랑하고 있어. 이별하던 그 때의 감동적인 표정, 힘껏 껴안아 주던 팔, 그것이야말로 그가 나를 사랑한다는 말이 아니고 뭐겠어! 전쟁만 끝나면, 나는 애슐리를 위해서 어떤 비난이라도 감수해 낼 거야. 멜라니와 이혼한 그가 나와 결혼했다고 교회에서 쫓겨나더라도, 나는 그를 위해 어떤 희생이라도 치를 거야.'

그러나 스칼렛의 즐거운 공상도 우박이 내리는 3월 어느 날, 완전히 깨지고 말았다.

멜라니가 아기를 가진 것이다.

"아기를 갖게 돼서 얼마나 기쁜지 몰라요."

행복해 보이는 멜라니의 얼굴을 보면서, 스칼렛은 아무 말도 하지 못하였다.

'그래, 멜라니는 애슐리의 아내야. 나는 멜라니 오빠의 미망인일 뿐이고……'

스칼렛은 처참한 기분이 되었다.

그러나 다음 날 아침, 이 집에는 불행한 소식이 전해졌다. 애슐리가 행방불명이 되었다는 것이다.

'애슐리 윌크스 소령, 3일 전 정찰 도중 행방불명됨. 자세한 것은 다음 소식을 기다리기 바람.'

부대장에게서 이런 전보가 왔다. 세 여인은 파랗게 질려 넋을 잃고 쓰러져서 울었다.

"언니, 저도 언니 같은 신세가 되었군요."

멜라니는 창백한 얼굴로 말하면서 스칼렛을 껴안았다. 두 여인은 다 같이 사랑하는 사람을 잃었다는 생각으로 함께 슬퍼하였다. 그들은 눈물을 흘리며 서로를 위로했다.

'행방불명, 전사한 것으로 추측됨.'

'포로가 되었을지도 모름.'

이것이 애슐리에 대한 마지막 보고였다.

멜라니는 미드 박사의 충고도 듣지 않고 안정을 취해야 할 몸인데도 자리에 눕지 않았다. 그녀는 하루 종일 전신국에 가서 자세한 통보를 기다렸다.

어떤 날은 전신국에서 기절한 멜라니가 레트와 피터 할아버지에게 업혀 집으로 돌아오기도 하였다. 침대에 누운 멜라니를 내려다보면서 레트가 불쑥 물었다.

"부인, 부인께서는 홀몸이 아니시지요?"

여느 때의 멜라니 같았으면 부끄러움에 얼굴이 빨개졌겠지만, 기력을 잃은 그녀는 레트의 무례함에 대해 신경 쓰지 않고 그저 고개만 끄덕였다.

"그러시다면, 더욱 조심하셔야지요. 자기 몸은 자기가 보살펴야 해요. 걱정하고 뛰어다니는 것은 건강에 나쁩니다. 그러신다고 일이 해결되는 것도 아니니……. 원하신다면, 워싱턴에 아는 사람이 있으니 애슐

리 씨의 소식을 알아보겠어요. 부인, 가만히 누워서 몸조리하겠다고 약속하십시오."

레트는 근심스러운 표정으로 멜라니에게 주의를 주었다. 멜라니는 레트의 친절에 감격하여 고개만 끄덕였다.

레트는 약속을 충실히 이행하였다. 북군 중에 아는 사람을 찾아낸 그는 애슐리의 소식을 알아내어 멜라니에게 알려주었다.

애슐리는 부상을 입은 채 북군의 포로가 되어 있었다. 그가 일리노이 주의 록아일랜드에 수감되어 있다는 것도 알아내었다.

그러나 이 기쁨은 한 순간에 불안과 공포로 뒤바뀌었다. 왜냐하면 록아일랜드는 지옥과 마찬가지라는 것이었다.

레트의 말에 따르면 록아일랜드에는 천연두와 폐렴과 장티푸스가 유행하고 있다고 했다. 또 포로를 가혹하게 취급하여 담요도 세 사람 앞에 한 장씩 배당되었으며, 제대로 얻어먹지도 못한 포로들은 거의 죽어가고 있다는 것이었다.

'그렇게 무서운 곳에 애슐리가 있다니! 이렇게 눈도 많이 내리고, 날씨도 추운데……. 레트가 알아보았을 때는 살아 있었다고 해도, 지금은 혹시 이 추위에 폐렴이나 앓고 있지는 않은지. 천연두에라도 걸렸으면 어떡하지?'

이렇게 생각한 멜라니는 못 견디게 괴로웠다.

"레트 씨, 북군의 포로와 교환할 수는 없을까요?"

"글쎄요, 자비스럽다는 링컨도 포로 교환 금지 명령을 내렸답니다. 록아일랜드에서 빠져나올 기회가 사라진 셈이죠."

"아니, 그럴 리가요?"

"사실이 그렇습니다. 가끔씩 특별히 귀순을 맹세하고 2년 동안 인디언 토벌에 종사하게 되면, 석방되어 서부로 돌아올 수도 있지만, 애슐리 씨는 그것을 거절하고 말았소."

"아아, 차라리 맹세를 하고 석방된 다음에 탈주해 오면 될 텐데……."

스칼렛이 이렇게 말하였다.

"그런 비열한 짓을 할 바에는 남군을 위해서 죽어 버리는 편이 나을 거예요."

멜라니가 얼굴을 붉히면서 말하였다.

스칼렛은 레트를 문까지 따라 나가면서 물었다.

"당신 같으면 그런 데서 죽지 않고 북군 부대로 넘어가서 곧장 탈주하고 말았겠지요?"

"물론! 그렇지만, 그 분은 신사니까."

레트는 빙글빙글 웃으며 말했다. 애슐리에 대한 존경스러운 말도 그것이 레트의 입을 통해서 나오면 이상하게도 경멸하는 것처럼 들렸다. 스칼렛은 '그것 참 이상한 일이야.' 하고 생각하였다.

후퇴 또 후퇴

1864년 5월이 되었다.

그 해는 다른 해보다 유난히 더위가 심했고, 공기는 건조하였다.

그 동안에도 남군의 패색은 점점 짙어졌고, 셔먼 장군이 이끄는 북군은 또다시 조지아 주로 쳐들어왔다.

북군은 이미 남방 연맹의 후반 기지인 애틀랜타에서 서북으로 160km 떨어진 달튼까지 쳐들어왔다. 남부의 고집쟁이들도 공포를 느꼈다. 소식에 의하면 북군은 서부 대서양 철도를 제압할 목적으로 병력을 모으고 있다고 하였다.

이 철도는 애틀랜타의 유일한 생명선이었다. 이 철도를 북군에게 넘

겨주는 날이면 테네시와 서부 방면과의 연락이 끊어진다. 그것은 아주 중대한 사태를 만드는 일이었다.

'올드 조'라는 별명으로 남부 사람들의 신망을 얻고 있는 조 존스턴 장군이 이끄는 남군 부대는 테네시의 산을 타고 단숨에 쳐내려 오려는 북군을 험한 산길에서 막아 내기 위해 결사적인 저항을 펼치고 있었다. 북군의 목표는 애틀랜타였다.

남부 동맹군의 전투력의 집결지라고 할 만한 조지아의 평원에 북군이 들어오면 안 되는 상황이었다. 그들은 끝까지 이 평원을 지켜내야만 하였다. 그러나 달튼에서 후송되어 온 사병들의 말에 따르면 존스턴 부대는 한 발 한 발 남쪽으로 밀리고 있다고 하였다.

벌써 북군은 3km 가까이나 조지아 주로 쳐들어온 것이었다.

존스턴 장군은 후퇴하지 않을 수 없었다. 피로와 굶주림에 지친 남군은 목숨을 걸고 지키던 진지를 버리고 남쪽으로 방어선을 옮겼다. 후방의 철도를 지키기 위해서는 어쩔 수 없는 후퇴 작전이었다.

후퇴하는 남군 앞에는 피난민의 행렬이 끝도 없이 이어졌다. 기차를 타고, 혹은 걸어서 애틀랜타를 향해 후퇴하는 것이었다. 애틀랜타의 거리는 부상병과 피난민들로 들끓고 있었다.

스칼렛은 더위를 무릅쓰고 미드 박사와 메리웨더 부인의 지시를 받으면서 하루 종일 부상병을 간호하였다.

그녀는 땀을 흘려 가면서 환자들의 신음과 악취, 이와 맞서 싸워야만 했다.

후퇴 또 후퇴, 남군은 25일 만에 112km나 후퇴하였다.

푸른 군복을 입은 북군은 기진맥진한 남군의 앞길을 막으며 또는 뒤를 추격하며 밤낮없이 공격을 하였다. 벌써 남군은 애틀랜타에서 36km 밖에 안 되는 케네소 산까지 밀려갔다.

애틀랜타 사람들은 전쟁이 시작된 이래, 처음으로 케네소 산에서 들려오는 우레 같은 포성을 들었다. 적군이 가까이 다가와 있다는 것을 알게 된 것이다.

사람들의 긴장과 불안은 극에 달했고, 적장 셔먼은 벌써 애틀랜타의 문 앞까지 왔다. 이번에 후퇴하면 적군은 애틀랜타 시가지까지 쳐들어 올 것이다.

조 브라운이 자랑하던 민병대와 자위대까지 드디어 출동하였다. 존스턴 장군의 배후를 수비하기 위해서였다. 이것이야말로 마지막 저항이었다. 노인과 아이들까지도 전쟁터에 나갔다. 남자란 남자는 늙거나 젊거나 모두 손에 잡히는 대로 무기를 들고 전쟁을 하기 위하여 나간 것이다.

그들의 기세는 대단하였으나, 몹시 비참해 보였다. 스칼렛은 비장한 민병대의 출발 모습을 비 내리는 거리에서 전송하고 있었다.

그 때 타라의 집에서 일하는 빅 샘이 흑인 노예의 대열에 끼여 전진해 오고 있었다.

"스칼렛 아가씨!"

샘은 반가워하며 소리쳤다.

"아니, 샘! 여기는 뭣 하러 왔어?"

"네, 저희는 북군이 쳐들어올 때 백인 나리들이 숨을 곳을 만들어 왔어요."

샘은 새까만 얼굴에 하얀 이를 드러내며 자랑스럽게 말하였다.

그러고 나서 아쉬운 마음으로 헤어졌다. 그들 흑인 노예들은 애틀랜타 시 주위에 대피호를 파기 위해 징집된 것이었다.

"아니, 시가지 주위에 대피호를 파다니……."

스칼렛의 가슴은 싸늘하게 식었다. 그러나 그녀를 더욱 놀라게 한 것은, 일흔 살이나 된 애슐리의 아버지 존 윌크스 씨가 암말을 타고 여윈 몸으로 나타난 것이었다.

'아아, 윌크스 씨!'

스칼렛은 아무 말도 할 수가 없었다. 존 윌크스 씨는 쓸쓸히 미소지으며 스칼렛을 위로하고는, 은빛 머리를 비에 적시면서 사라졌다.

'하느님, 애슐리와 그의 아버지에게 축복을 내려 주소서.'

스칼렛은 비 오는 거리를 지나 병원으로 돌아가면서 마음속 깊이 기도를 올렸다.

시가지 주변에는 참호가 겹겹으로 만들어졌다. 커다란 포대가 설치되었으며, 포대 사이의 연락은 참호로 이어져 완전히 시가를 둘러싸고 있었다. 케네소 산의 진지는 금성철벽처럼 탄탄하였다.

숨쉴 틈 없이 공격해 오는 북군을 맞아 그들은 한 달 동안 꼼짝도 하지 않았다.

그러나 우세한 북군은 또다시 작전을 감행하였다. 북군이 남군의 진지와 애틀랜타의 중간 지점을 돌파하려고 공격을 가했을 때, 존스턴 장군은 사수하던 고지를 포기할 수밖에 없었다.

이미 3분의 1의 병력을 잃은 남군은 비를 맞으면서 차타후치 강으로 후퇴하였다.

북군은 8km 저편까지 다가오고 있었다. 애틀랜타에서 불과 8km밖에 안 떨어진 피치트리 강을 끼고 양군이 싸우고 있었던 것이다. 그러나 그 저항도 곧 무너지고 말았다.

"후퇴!"

"전군 총후퇴!"

피로와 굶주림에 시달리던 남군은, 허둥지둥 애틀랜타 시가로 밀려들어왔다. 민병대도, 자위대도, 모두 패하여 도망오고 말았다.

전쟁에 나갔던 사람들은 모두 초췌한 모습으로 돌아왔다. 애슐리의 아버지인 존 윌크스 씨는 적의 포탄에 맞아 무참하게 세상을 떠나고 말았다. 시내에는 불길한 소문이 퍼져 나갔고 패잔병과 부상병, 피난민 무리가 넘쳐 났다. 그들은 남쪽 메이콘과 사바나로 통하는 단 한 가닥의 철도를 따라 달아나기 시작하였다.

애틀랜타의 혼란은 말로 표현 못할 정도였다.

과연 애틀랜타가 북군의 공격을 언제까지 막아 낼 수 있을지 의문이었다. 남부 동맹군의 심장은 북군에 의해 시시각각 위기에 빠지고 있었다.

동란 속에서

마침내 애틀랜타 사람들의 피난이 시작되었다. 그러나 스칼렛은 달아나지 않았다. 부인과 아이들 그리고 노인들은 일찌감치 피난을 갔다. 피티 고모는 메이콘에 있는 사촌 버 부인에게로 스칼렛과 멜라니를 데리고 가고 싶어하였으나, 버 부인을 싫어하는 스칼렛은 끝까지 가지 않겠다고 고집을 부리고 있었다.

임신 중인 멜라니 역시 미드 박사의 충고대로 스칼렛과 함께 애틀랜타에 남게 되었다. 무거운 몸으로 피난을 간다는 것은 위험한 일이었기 때문이다.

"언니가 나를 지켜 주겠지요. 애슐리하고 약속을 했다지요? 그이가 떠나갈 때 그렇게 말했어요."

멜라니는 창백한 얼굴에 미소를 지으며 말하였다.

'애슐리는 록아일랜드의 포로 수용소에서 이미 죽었을지도 몰라. 그런데도 그이와의 약속이 아직까지도 나를 붙잡는군.'

스칼렛은 울고 싶은 심정이었다. 그러나,

"그래요. 그 분하고 약속했어요. 그리고 죽는 한이 있더라도 약속은 꼭 지키겠어요. 내가 지켜 줄게요."

하고 대답하였다.

북군이 쏘는 포탄은 시가지에서도 마구 터졌다. 그럴 때마다 스칼렛의 아들인 웨이드는 울음을 터뜨렸다. 유모 프리시도 잔뜩 겁을 집어먹고, 이 둘은 곧잘 거미줄이 엉켜 있는 창고 속에서 부들부들 떨곤 했다.

들리는 소문에 의하면 북군은 약탈과 방화는 물론, 부인들을 능욕하고 아이들을 찔러 죽인다고 하였다.

'만약 북군이 시가지에 들어오면……. 아아, 그 땐 어떻게 해야 하나?'

스칼렛은 자기를 이 곳에 묶어 두는 멜라니가 원망스러웠다. 그리고 고향 생각이 간절하게 떠올랐다.

스칼렛은 타라를 머릿속에 그려보았다.

'지금 당장 타라로 갈 수만 있다면…….'

고향에서는 어머니와 동생이 이질에 걸려서 몹시 고통을 받고 있다는 소식이 왔다.

"어머니가 앓으시다니. 어머니는 언제나 남의 병을 간호하는 분이셨는데. 성모 마리아 님! 우리 어머니를 살펴 주소서!"

스칼렛은 겁먹은 어린아이처럼 간절하게 고향으로 가고 싶었다.

"아아, 내 고향! 그리운, 그리운 타라!"

그러나 애슐리와의 약속이 스칼렛을 지옥의 거리에 묶어 두었다. 그녀는,

"나 대신 멜라니를 돌봐 줘요. 당신은 용감하고 굳세니까……."

하던 애슐리의 눈과 떨리던 목소리가 귀에 생생해서, 아무래도 그 약속

을 어길 수가 없었다. 스칼렛은 '내일은 떠나야지, 내일은!' 하면서도 멜라니 곁에 남아 있었다.

빗발처럼 퍼붓는 포탄 아래, 이를 악물고 저항하는 남군은 두려움과 초조와 굶주림의 고통을 앓고 있었다. 당장 내일이 어떻게 될지 모르는 판국이었다.

남군의 고전과 주민들의 고통은 본 체 만 체 하고, 레트는 여전히 길을 활보하면서 조롱 섞인 말을 해대었다.

이따금 스칼렛을 찾아와서는,

"왜 도망가지 않소? 뭐라고요? 멜라니를 보호하기 위해서! 야, 그것 참 놀라운 사실이군. 당신에게 그런 희생정신이 있었소? 흥, 애슐리 씨에게 바치는 순정이라니 더욱 놀라겠는데……."

하고 놀려 댔다.

"아니, 그런 실례의 말씀이 어디 있어요? 어서 돌아가 주세요."

"뭐, 그렇게까지 흥분할 것 있소! 마음을 돌리시오. 언제라도 당신을 북군의 흉악한 손아귀에서 지켜 주겠소. 비록 나는 건달 같지만, 곱게 자란 당신 같은 여자는 오히려 나같이 좀 색다른 남자에게 끌리게 마련인데……."

"전혀 그렇지 않아요!"

"하여튼 난 당신이 좋소. 그런데 당신이 나를 사랑할 수 있을까?"

"말도 안 돼요!"

스칼렛은 이렇게 말하면서 한편으로는,

'아, 이 남자도 마침내 나에게 사랑을 고백하는군.'

하고 내심 만족하였다.

"그럼, 당신은 나를 사랑하고 계셨군요?"

"유감이지만, 그렇소!"

"그러면 저하고 결혼할 생각이세요?"

"연애도 안 하고 마누라가 되어 달라고 한다면 화내지 않겠소?"

"아니, 마누라라고요?"

스칼렛은 레트의 상스러운 말투에 화를 내며 그를 내쫓고는 문을 '쾅' 닫아 버렸다.

스칼렛은 어떻게든 멜라니와 웨이드, 몸이 둔한 흑인 프리시를 데리고 죽음의 집과도 같은 이 곳을 지켜야만 하였다.

지옥의 거리

남군은 애틀랜타를 지키며 한 달 동안 저항하였다. 30일간, 매일 매일이 포성과 공포의 나날이었다.

9월 1일 아침, 몹시 무더운 날이었다.

스칼렛은 잠에서 깨자마자 멜라니의 방으로 갔다. 그러고는 깜짝 놀랐다. 해산의 기미가 보였던 것이다. 멜라니는 새벽부터 우레와 같이 터지는 포성을 들으면서 간헐적으로 찾아오는 진통을 참느라 기진맥진해 있었다.

스칼렛은 아침 식사를 마치자마자 프리시를 미드 박사 댁에 보냈다. 웨이드는 다행히도 뒤뜰에서 잘 놀고 있었다. 스칼렛은 프리시가 돌아오기를 초조하게 기다리고 있었다.

"미드 박사님이 안 계십니다."

프리시가 느릿느릿 돌아와서 말하였다.

"사모님은?"

"사모님도요. 필 선생이 총에 맞았대요. 거기에 가고 안 계세요."

'의사도 의사 부인도 오지 않으면 이 일을 어쩌나?'

해산에 관해 아는 것이 전혀 없는 스칼렛은 막막하였다. 시간은 자꾸 가고 있어 우물쭈물하고 있을 수가 없었다. 느림보 프리시를 재촉하여 메리웨더 부인과 엘싱 부인을 부르러 보냈으나, 이미 그들은 피난을 가고 아무도 남아 있지 않았다.

스칼렛은 숨이 막힐 정도로 초조해졌다. 다시 편지를 써서 미드 박사의 왕진을 청하였으나, 프리시의 심부름 시간은 두 배로 늦어졌다.

이층으로 다시 올라간 스칼렛은 진통으로 이를 악문 멜라니의 얼굴을 보자, 결심한 듯 거리로 뛰쳐나갔다.

혼잡한 인파에 밀려 파이브 포인트 광장까지 와 보니 여기저기에 부상병이 흩어져 있었다.

쨍쨍 내리쬐는 햇볕 아래, 피와 화약 냄새가 구토증을 일으키게 하였다. 비명과 신음 소리가 범벅이 된 거리는 지옥 그 자체였다.

스칼렛은 몇 번이나 쓰러질 뻔하면서, 허둥지둥 시가지 끝머리에 있는 정거장에 도착하였다. 거기에서는 미드 박사가 사랑하는 아들의 중상과 자신의 위험도 잊은 채 부상자의 치료에 필사적인 노력을 기울이고 있었다.

"오오, 잘 오셨소. 그렇지 않아도 손이 모자라 애를 먹고 있었는데……. 빨리 좀 도와주시오!"

미드 박사는 그녀를 보자 소리쳤다.

"선생님, 멜라니가……. 멜라니가 지금 아기를 낳을 것 같아요."

"이것 참 곤란하게 됐는데. 그러나 나는 이 사람들을 두고 갈 수가 없소. 내 안사람을 데리고 가시오."

이렇게 말하고 나서 미드 박사는,

"클로로포름이 떨어졌군. 모르핀이라도 있었으면 좋겠는데! 키니네도 없고, 이것 참 야단났군. 북군, 이 도둑놈들!"

하고 외치면서, 심한 고통에 얼굴을 찌푸리고 있는 부상병들을 치료하기에 바빴다.

'그래, 어린아이 하나를 위해서 이 부상당한 숱한 사람들의 목숨을 버릴 수는 없지.'

스칼렛은 돌아설 수밖에 없었다. 스칼렛이 집으로 오자 문 앞에서 웨이드가 울고 서 있었고, 프리시도 부들부들 떨고 있었다. 멜라니는 진통 때문에 몸을 비틀면서 끙끙거리고 있었다.

그 신음 소리는 마치 스칼렛의 목을 조르는 밧줄 같았다. 이렇게 된 이상, 프리시와 둘이서 아기를 받아 내는 수밖에 없었다.

"프리시! 우선 물을 끓이고, 집 안에 있는 수건을 모두 가지고 와. 빨리빨리 서둘러, 어서!"

스칼렛은 우물쭈물하는 프리시를 나무란 뒤, 급히 멜라니의 침실로 달려 올라갔다.

"아아, 언니!"

멜라니는 정신나간 사람처럼 스칼렛의 팔을 꽉 붙잡았다. 팔이 떨어지는듯이 아팠다.

두 여인은 정신 없이 부둥켜 안은 채, 두려운 시간이 닥쳐오기를 기다리고 있었다. 드디어 그 때가 왔다. 있는 힘껏 스칼렛에게 매달린 멜라니의 손에는 더욱 힘이 들어가고, 그 신음 소리는 마치 죽어 가는 들짐승의 소리와도 같았다.

'아아, 이렇게 어려운 고비를 참기보다는, 차라리 내가 대신 죽는 편이 낫겠어.'

스칼렛은 어둠침침한 방 안에서 더위와 피곤에 헐떡이며 생각하였다.

그러나 멜라니는 끝까지 싸웠다.

마침내 새로운 생명이 탄생하였다. 그것은 놀라운 기적이었다. 온몸이 땀으로 범벅이 된 두 여인은 서로를 향해 희미한 미소를 지어 보였다.

모든 힘든 과정이 끝났다. 드디어 애슐리의 2세가 이 세상의 햇빛을 보게 된 순간이었다.

"고마워요!"

들릴 듯 말 듯 멜라니가 말하였다. 그러더니 이윽고 코고는 소리가 들렸다. 어느새 밤이 되었고, 사방에는 정적만이 가득했다. 마지막 철수 부대가 어둠 속을 지나가는 소리가 들렸다.

"빨리 달아나지 않으면 북군이 들이닥칠 거야."

스칼렛의 머릿속에 불현듯 이런 공포감이 스치고 지나갔다. 푸른 옷을 입은 지옥의 사자가 잔인한 미소를 띠고 방 안의 구석구석에서 달려드는 것만 같았다.

'아아, 빨리 이 곳을 떠나야 될 텐데……'

끔찍한 공포가 그녀를 사로잡았다.

'아참, 그렇지! 그 사람을 찾아가서 빨리 이 거리를 벗어나게 해 달라고 부탁해 봐야겠어.'

스칼렛의 머릿속에 떠오른 것은 레트의 건장한 몸집이었다. 그는 무서움을 몰랐고, 늘 침착하였다.

'이제, 그 사람을 믿는 수밖에 도리가 없어. 북군의 마수에서 빠져 나갈 수만 있다면! 상대를 고르고 있을 때가 아니야.'

"프리시! 너, 빨리 가서 레트 씨 좀 불러오너라. 애틀랜타 호텔로 가면 만날 수 있을 거야."

"이렇게 어두운 밤중에 바깥에 돌아다니다가는 북군에게 맞아 죽는대요. 아이, 무서워!"

프리시는 벌벌 떨면서 말을 듣지 않았으나, 스칼렛은 떠밀듯이 프리시를 밖으로 쫓아냈다.

"자, 어서 빨리 뛰어! 괜찮아!"

오랜 시간이 흘렀다. 스칼렛은 불안과 공포에 질려서 프리시를 기다리고 있었다. 한참 후, 프리시가 돌아왔다. 벨 와틀링의 술집에 있던 레트를 만나서 부탁하고 왔다고 하였다.

벌써 북군은 시내에 쳐들어와 있었다. 시뻘건 불꽃이 지옥의 화염처럼 처참하게 하늘을 물들이고 있었다. 이따금씩 터지는 폭음이 고막을 찢는 듯하였다.

이윽고 땅을 박차고 달리는 말발굽 소리가 들리더니 마차 한 대가 도착했다. 레트는 무슨 일이냐는 듯한 표정을 짓고 나타났다.

"저녁은 드셨소? 좋은 날씨군요. 그런데 어디로 여행을 가신다고요?"

그는 여전히 농담을 하면서 다가왔다. 그는 품위 있게 보이는 무도복에 넓은 파나마 모자를 삐딱하게 쓰고, 허리춤에는 권총 두 자루를 차고 있었다.

"농담할 때가 아니에요. 어서 달아나야 해요."

"아니, 당신 같은 여자가 설마 겁을 집어먹은 건 아니겠죠?"

"아니오, 난 지금 몸서리치게 무서워요. 빨리 달아나야 해요!"

"당신 말대로 어디로 가는 건 쉽지만, 북군들이 이미 거리를 포위하고 있소."

"집으로 데려다 줘요!"

"집이라니, 타라 말이오? 당신, 정신이 나갔소? 그 근처는 북군이 몽땅 점령해 버렸소!"

"아니, 나는 집으로 갈 거예요! 돌아가야지, 걸어서라도 집으로 돌아가야 해요!"

스칼렛은 눈물에 젖은 뺨을 레트의 가슴에 묻고 미친 듯이 외쳤다.

"아, 정 그렇다면 모셔다 드리지. 자, 그러니 울지 마시오!"

스칼렛은 멜라니의 품에서 갓난아기를 받아 타월로 감싸 안았다. 멜라니는 레트에게 안겨 마차에 오르고, 웨이드는 프리시의 손을 잡고 마차에 탔다.

마차는 쏜살같이 집을 빠져 나갔다. 무시무시한 어둠 속을 찌걱찌걱 흔들리며 끝없이 달리기 시작하였다.

이 별

레트가 몰고 온 마차는 덜컥대는 짐마차였다. 바퀴는 금방이라도 빠져 달아날 것처럼 안팎으로 기울었고, 말은 빈약했다. 등덜미의 살점이 벗겨지고 여윈 말은 머리를 앞다리 사이로 푹 숙이고 연신 헐떡거렸다.

"이 잘난 말을 훔치다가 사살당할 뻔했소. 이것도 따지고 보면 다 당신 탓이란 말이오!"

레트가 말하였다.

어둠 속을 달리던 마차는 피치트리 가에서 구부러져 작은 길로 나섰다. 화약 냄새가 바람에 실려 왔고, 시가지 한복판에서는 고함 소리, 군용 마차의 바퀴 소리, 행진하는 군화 소리들이 뒤섞여 들려왔다.

멜라니는 낡은 마차가 흔들릴 때마다 숨이 막혀 신음 소리를 냈다. 마리에타 가에 가까이 이르자, 건물에 불붙는 소리가 요란스레 들려왔고, 치솟은 불길로 사방은 대낮처럼 환했다. 그것은 지옥의 거리였다.

그러나 레트는 여전히 농담을 하면서 유유히 마차를 몰았다.

"흑인이든 백인이든, 우리 마차 쪽으로 다가오는 놈은 모두 쏘아 버려요."

그는 이렇게 말하면서 허리에 차고 있던 권총을 스칼렛에게 빼어 주려고 하였다.

"권총은 저도 가지고 있어요."

"그건 누구 거요?"

"찰스의 것, 우리 주인 양반의 것이에요."

"오, 당신이 결혼했던가요?"

레트는 버릇대로 비웃는 듯한 웃음을 띠었다.

시뻘건 불꽃에 뒤덮인 애틀랜타 시는 마지막 비명을 지르는 듯하였다. 그 속을 미처 빠져 나가지 못한 병사들은 대열에서 낙오된 채 비틀비틀 걷고 있었다.

그 때 마지막 줄에 있던 자그마한 사병 한 명이 흐느적거리더니 그대로 폭삭 고꾸라지고 말았다. 소년병이었다. 그러자 대열 중에서 두 사람이 되돌아와, 그 소년병을 어깨에 둘러메고 대열의 뒤를 쫓아갔다.

"내려 줘! 나는 걸어갈 수 있어……."

소년병의 울음 섞인 고함 소리가 어둠 속으로 사라졌다.

그 광경을 레트는 가만히 살펴보고 있었다. 그는 갑자기 말머리를 돌려 넓은 도로로 나왔다. 그런 다음 고삐를 당기고는 마차에서 훌쩍 뛰어내렸다.

"말도 좀 쉬어야지. 그런데 여기까지 오긴 왔지만, 어떻소? 아직도 이 미친 여행을 계속하고 싶소?"

"미친 여행이라니요? 그런 소릴 하실 거라면, 빨리 가기나 해요."

"그렇게 재촉할 필요는 없소. 여기까지 왔으니, 이제 당신 혼자서도 타라로 갈 수 있을 거요. 그럼 나는 이만 실례하겠소."

"아니, 여기까지 와서 무슨 말씀이에요? 이대로 우리를 두고, 도대체 어디로 가신다는 말이에요?"

"나는 군대를 따라 가겠소."

산모와 아기, 부녀자를 이 화염 속에 내버려두고 이 사나이는 싸움터로 가겠다는 것이다. 스칼렛은 화가 치밀었으나, 지금은 싸우고 있을 때가 아니었다.

"놀리지 말고 자, 어서 가요."

"농담이 아니오. 내게도 아직은 의협심이 남아 있단 말이오. 지는 전쟁인 줄 뻔히 알면서도 역시 싸우지 않을 수가 없소. 남부 사람들은 나를 매국노니 비열한 놈이니 하고 욕을 하지만, 일이 이쯤 되고 보면 어쩔 수 없소. 나도 남부의 남자요. 전쟁에서 이겼다면 몰라도, 지는 것은 그대로 보고 있을 수가 없소. 아마 이제서야 내가 명예를 알게 된 거겠지."

레트는 어둠 속에서 스칼렛에게만 들릴락말락한 소리로 속삭였다. 그러고 나서,

"자, 내리시오."

하고 명령하듯 스칼렛의 손목을 잡아당겨서, 마차에서 좀 떨어진 곳으로 끌고 갔다.

"우리는 정말 비슷한 사람들이오. 그래서 나는 당신을 못 견디게 좋아하오."

이렇게 말한 뒤, 그는 스칼렛을 끌어안았다.

"스칼렛, 용서해 달라는 말은 안 하겠소. 그러나 당신을 사랑하고 있소. 이 세상이 어떻게 되든 이 말은 해야겠소."

스칼렛은 텅 빈 마음으로 레트의 고백을 듣고 있었다.

"엄마, 무서워!"

레트의 황홀한 고백은 웨이드의 울음소리로 순식간에 사라져 버렸다. 현실로 되돌아온 스칼렛은, 지금 자기를 버리고 가는 레트에 대한 증오가 다시금 치솟아올랐다.

"비겁한 사람!"

스칼렛은 몸을 비틀면서, 레트의 뺨을 힘껏 때렸다.

"아아!"

레트는 잠시 동안 그 자리에 서 있다가 무언가 생각난 듯이 마차 쪽으로 걸어갔다.

"윌크스 부인!"

멜라니는 기절을 한 듯, 아무런 대답이 없었다.

"스칼렛, 그럼 잘 가시오!"

레트는 스칼렛을 한 번 뒤돌아보고 난 뒤 어깨를 움찔하더니, 어둠 속으로 사라지고 말았다. 패주하는 남군의 뒤를 따라간 것이었다.

'저 분은 그렇게도 깔보던 남군에 무엇 하러 스스로 뛰어드는 걸까? 더군다나 패잔병의 무리 속에.'

스칼렛은 어둠 속에 혼자 남아 멀어져 가는 레트의 발소리를 듣고 있다가, 다시 마차 쪽으로 걸어갔다. 분함과 서글픔이 한꺼번에 치밀어 올랐다. 그녀는 말 머리를 끌어안고 소리 죽여 울기 시작하였다.

황폐한 고향

어느새 날이 밝았다.

스칼렛은 너무 피곤해 깜박 잠이 들었었다. 나뭇가지 사이로 햇빛이 얼굴을 내밀 무렵에야 그녀는 겨우 잠에서 깨어났다. 머리가 몹시 무거웠고 매우 피곤하였으나, 그대로 머물러 있을 수는 없었다. 멜라니와 갓난아이는 죽은 듯이 누워 있었고, 웨이드는 스칼렛의 무릎 위에서 잠을 자고 있었다.

"빨리 집으로 가야지."

이렇게 생각하니 다시금 마음이 초조해졌다. 햇볕은 점점 뜨겁게 달아오르기 시작하였다.

프리시를 깨워서 우물을 찾게 한 뒤 말에게 물을 먹인 다음, 마차는 또다시 움직이기 시작했다.

'레트! 이름만 생각해도 메스꺼워. 어젯밤에는 어떻게 그의 품에 안겼을까? 별로 싫은 기분도 없이……'

이런 생각을 한 스칼렛은 기분이 나빠졌다. 어젯밤 레트와 헤어진 스칼렛은 손수 말고삐를 잡았다. 어두웠기 때문에 들키지는 않았지만, 앞으로 나아갈 길을 생각하니 맥이 탁 풀렸다.

"이래서는 안 돼!"

스칼렛은 스스로를 격려하며 힘차게 마차를 몰았다. 말에게 물을 먹였지만 힘을 차리는 것 같지도 않았고, 여전히 걸음이 느리기만 하였다.

일행은 사과밭을 발견하고는 사과를 따먹었다. 과수원은 모두 북군의 횡포로 황폐해졌는데, 사람이라고는 그림자도 없었다.

뽀얀 먼지가 풀썩풀썩 이는 황톳길에는 북군의 대포차가 지나간 바퀴자국이 무수히 패어 있었다. 북군이 야영을 할 때 피운 모닥불의 흔적이 남아 있었고, 숲과 들은 죽은 듯이 고요하기만 하였다.

불붙는 듯한 9월의 태양 아래, 고통스러운 여행이 끝나는 것은 과연 몇 시간 뒤일까! 스칼렛은 지친 말의 등에 채찍질을 하였다. 말이 걸을 때마다 마차가 이리저리로 흔들렸고, 마차에 탄 사람들은 끊임없이 멀미를 하였다.

저녁때가 다 되었을 무렵에야, 겨우 마지막 도로까지 나갈 수 있었다.

어릴 때의 희미한 기억을 더듬어서 사잇길을 질러온 덕분에, 타라까지는 이제 1.6㎞ 정도 남아 있을 뿐이었다.

주위를 살펴보니, 매킨토시의 저택은 불에 타 버렸고, 반쯤 타다 남은 집터만 석양 아래 처량하게 남아 있었다.

'타라도 이와 같이 불타 버린 게 아닐까?'

이렇게 생각하니, 스칼렛의 눈에서는 한없이 눈물이 쏟아졌다.

'나는 어쩌다가 이렇게 무모한 길을 떠나 온 걸까? 만약에 타라가 매킨토시 저택처럼 황폐해지고 말았다면……. 그렇다면 차라리 애틀랜타에서 죽는 편이 나을 텐데!'

나무판처럼 뻣뻣해진 등, 쥐가 나는 다리, 저녁때의 따가운 햇살을 받으면서 스칼렛의 마음은 점점 어두워져 갔다. 무서움과 굶주림에 지친 웨이드는 울음을 그치지 않았다.

언덕 위에 이르자, 타라의 떡갈나무 숲이 어두워져 가는 서편 하늘 아래로 보이기 시작하였다. 천신만고 끝에 찾아온 타라의 집은 건물만은 그대로 남아 있었으나, 내부는 볼품없이 변해 있었다.

마지막 희망이었던 어머니는 어제 마침내 운명하셨다고 했다. 죽음을 무릅쓰고 미친 듯이 고향을 찾아온 것도 어머니가 보고 싶어서였다. 그러나 이미 어머니는 이 세상 사람이 아니었다.

"네 엄마는 돌아가시고 말았다……."

단번에 시들어 버린 꽃처럼 늙어 버린 아버지는 옛날의 기운을 완전히 잃고, 마치 얼빠진 사람처럼 계속 같은 말을 중얼거리고 있었다. 사랑하는 딸의 얼굴을 보아도 무표정하였다.

산송장처럼 뼈만 남은 얼굴, 움푹 들어간 눈, 가슴 아프게 변해 버린 아버지의 모습은 마치 어머니를 잃은 어린아이 같았다.

스웰렌과 캐린은 아직도 앓아 누워 있었다. 백 명이 넘던 노예는 모두 달아나고, 남은 것은 마미와 포크와 델시, 세 사람뿐이었다.

스칼렛은 울고 싶어도 울 수가 없었다. 자기마저 슬퍼하다가는 집안 꼴이 말이 아닐 것 같았다.

스칼렛은 이를 악문 채 어머니의 죽음을 받아들이며 어둠 속에 망연히 서 있었다.

양초는 모두 약탈당하고, 돼지기름에 심지를 담가서 겨우 어둠을 밝히고 있었다. 보릿가루와 말린 콩, 닭과 돼지, 어느 것 하나 남겨 두지 않고 양키는 송두리째 가져가고 말았다.

집안 식구들은 산고구마로 겨우 연명하고 있었다. 소문으로는 이 집이 북군의 사령본부로 사용된 적이 있다고 하였다. 환자가 있기 때문에 불에 탈 위험에서 벗어난 것이라고도 하였다. 북군에도 친절한 군의관이 있어서 환자를 진찰하기도 하고, 약을 주기도 하였다고 한다. 스칼렛은 지울 수 없는 모욕을 느꼈다.

"군대는 우리 집을 둘러싸고 야영을 했다. 목화밭, 보리밭, 목장 할 것 없이 꽉 들어찼어. 수많은 모닥불들이 붉게 타올랐고, 온통 푸른 군복 판이었지. 울타리며, 창고며, 마구간이며, 농장이며 모두 다 파괴되어, 땔감으로 사라져 버렸어. 놈들은 소, 돼지, 닭, 칠면조까지 눈에 보이는 것은 다 잡아먹었어. 그리고 가구며, 그림이며, 그릇까지도 다 빼앗아 갔다."

제럴드는 기진맥진하여 이런 말들을 두서없이 끄집어내었다. 타라는 애틀랜타에 못지 않게 몹시 황폐해져 있었다.

새로 태어남

마미가 스칼렛을 얼싸안으며 고생스러운 짐이라고 한탄하던, 그 무거운 짐을 지금 짊어지고 스칼렛은 다시 일어서야 하였다.

3년 동안 저장한 목화, 즉 15만 달러가 하룻밤 사이에 재가 되어 버리고 만 지금, 마냥 울고만 있을 수는 없었다.

스칼렛의 임무를 대신 맡아 줄 사람은 아무도 없었다. 아버지는 얼빠진 사람이 되어 버렸고, 멜라니와 두 동생은 앓아 누워 있었으며, 아이들은 굶주리고 있었다. 남아 있는 세 노예도 우왕좌왕할 뿐, 일을 할 엄두를 못 내고 있었다.

'도대체 앞으로 어떻게 살아가야 하지? 그래도 명색이 오하라 댁의 큰딸인데, 친척들의 신세를 질 수는 없지! 맨손을 쥐고서라도 일어서야해.'

스칼렛은 뜰 안과 창고 구석, 타다 남은 건물을 샅샅이 뒤지면서 식량을 찾아내기에 바빴다. 채소밭을 파헤쳐서 채소를 캐기도 하였으며, 시든 배추며 양배추, 콩을 찾아 먹기도 하였다. 노예들에게 직접 일을 시키기도 하고, 황무지의 멧돼지를 쫓아가서 잡기도 하였다.

그녀는 식량을 구하는 일과, 세 환자를 간호하는 일로 잠시도 쉴 틈이 없었다.

그러나 얼마 못 가 아이들은 영양실조에 걸렸고, 어른들은 시장기에 못 이겨 잠을 이루지 못하는 날이 계속되었다.

겨우 잠이 들면 맛있는 음식을 먹는 꿈까지 꾸었다. 사람들은 눈만 뜨면 먹을 것을 찾아 코를 실룩거렸다.

스칼렛은 옛날이 그리웠다. 고기, 채소, 구수한 빵, 과일, 술 등 얼마나 풍족하고 사치스러운 생활이었나!

그러나 그 즐겁고 풍요로웠던 과거는 이제 다시는 돌아오지 않는다. 오직 남아 있는 것이라곤 능금, 산고구마, 땅콩과 우유뿐이었다. 그러나 그것마저도 넉넉하지 않았다.

열아홉 살의 건강한 부인은 식욕이 대단하였다. 거기에다 쉴 새 없는 노동으로 인해 더 많은 양의 음식이 필요했다.

스칼렛뿐만이 아니었다. 집 안 곳곳에 굶주린 흰 얼굴과 검은 얼굴이 돌아다녔다.

환자의 회복은 더뎠다. 죽음도 전쟁도 더 이상 겁나지 않았으나, 배에서 쪼르륵 소리가 나는 것만은 참을 수 없도록 슬픈 일이었다.

그리고 눈앞에 닥쳐오는 가을과 겨울을 어떻게 준비하느냐가 큰 걱정이었다.

스칼렛은 이따금씩 무엇이 남아 있지 않나 해서 찌그러진 마차를 타고 동네 밖까지 나가 보기도 하였다. 행여나 도움이 될 만한 사람이 없을까 하고 찾아보았으나, 보다 더 심한 실망만 맛볼 뿐이었다.

애슐리의 집터에도 가 보았다. 옛날에 그렇게 굉장하던 저택도 형편없이 모두 타 없어졌다. 시커멓게 그을린 기둥과 주춧돌만이 가을 햇볕을 받으며 쓸쓸히 남아 있었다. 이 집에서 가슴을 태우던 그 옛날의 추억은 흔적도 남아 있지 않았다. 또다시 여기에 집이 들어서고, 사람들이 흥청거릴 그런 시절은 오지 않을 것 같았다.

'아아, 애슐리! 그이는 아직 살아 계실까? 참호 속에서 천연두를 앓다가 죽지나 않았을까? 아니, 지금쯤 이미 썩어 가는 송장이 되었을지도 몰라.'

스칼렛은 집 뒤쪽에서 무 고랑을 발견하였다. 혀를 톡톡 쏘는 날무를 씹으면서 그녀는 흐느껴 울었다.

다른 집들도 찾아보았다. 그러나 거기에 남아 있는 사람들은 생활력을 잃어버린, 앙상한 모습의 여자들뿐이었다. 노예들은 달아나고, 남자들은 모두 죽었으며 다만 지난날의 화려했던 생활의 추억을 구슬프게 좇고 있는 노약자들만이 남아 있었다. 넋두리와 탄식!

남은 길은 앞으로 전진하는 것뿐이었다. 스칼렛은 모든 과거의 추억, 슬픔과 결별하였다.

옛날의 화려했던 오하라 댁의 아가씨는 손에 굳은 살이 박이도록 일을 하였다. 그 아름다웠던 목련 색깔의 고운 피부도 햇볕에 검게 그을렸다. 스칼렛은 회복이 더딘 동생들 침대 머리맡에 앉아서, 동생들이 건강해진 후에 맡아서 할 일에 관해 이야기를 하였다.

"내가 장작을 패야 해요?"

"손이 트잖아요!"

동생들은 언니를 무서운 듯이 쳐다보았다.

"내 손을 좀 봐!"

스칼렛은 못이 박이고 햇볕에 탄 손바닥을 내밀면서 엄하게 말하였다. 지금은 스칼렛이 타라의 최고 지배자였다. 그녀는 타라의 모든 사람들에게 쉴새없이 잔소리를 해대었다. 들일을 싫어하는 마미와 포크도 밖으로 내보냈다.

가족과 하인들은 성질이 변해 버린 폭군 스칼렛 앞에서 굽실굽실 일해야만 하였다. 스칼렛은 솔선해서 밭에 나가 필사적으로 땅을 갈았다.

흙에 묻혀 사는 아일랜드 사람의 피가 생생하게 살아났던 것이다. 땅이야말로 이 세상에서 가장 값진 것이었다.

옛날에 아버지가,

"아일랜드의 피를 받은 사람의 재산으로서 세상에서 사라지지 않는 것은 오직 하나, 그것은 땅뿐이다. 땅은 우리들의 어머니 같은 것이야. 일하고 싸우고 죽을 수 있는 가치를 가진 것은 오직 땅뿐이야."

하고 말하던 뜻을 스칼렛은 이제야 마음속 깊이 이해할 수 있을 것 같았다.

타라는 마치 로빈슨 크루소의 무인도와도 같았다. 황폐와 궁핍 속에

고요히 가라앉아서 다른 세계와는 전혀 연락이 끊어진 세계 같았다.

스칼렛은 타라의 적적함이 못 견디게 싫었다. 곧 겨울이 닥쳐오는데, 먹을 것이라고는 전혀 없었다.

간신히 모아 둔 채소도 얼마 남지 않았다. 내년 봄에 심을 보리 씨와 목화 씨도 필요하였다.

집에 남아 있는 3천 달러의 남부 지폐는 휴지와 같았다. 스칼렛은 폐허가 되어 버린 토지들을 이층 창 너머로 멀거니 바라보면서 깊은 생각에 잠겨 있었다.

그 때 요란한 말발굽 소리가 들리더니, 북군 기병대 한 사람이 나무그늘 저쪽에서 나타났다.

집 안에는 세 환자와 어린아이가 있을 뿐이었다.

스칼렛은 불안에 떨면서 계단을 내려갔다. 뚱뚱하게 살이 찐 험상궂은 사나이가 뚜벅뚜벅 집 안으로 들어오더니, 방 안을 샅샅이 뒤지면서 무언가를 찾고 있었다.

'개 같은 놈! 타라를 말려 죽이려고 하는군.'

스칼렛은 애틀랜타에서 가지고 온 권총을 떨리는 손으로 잡고, 커튼 뒤에 숨어서 그 사나이의 동작을 살폈다.

사나이는 돌아가신 어머니가 남겨 놓은 조그만 상자를 발견하였다. 그 속에는 금팔찌와, 손잡이가 금으로 된 가위, 다이아몬드가 박혀 있는 빗 등 귀중품들이 들어 있었다.

"거, 누구요!"

그 사나이는 인기척을 느끼고는 스칼렛이 있는 쪽을 힐끗 쳐다보았다. 그는 일그러진 미소를 지으며 스칼렛에게 다가왔다.

스칼렛의 손가락은 무의식중에 방아쇠를 잡아당겼다.

"탕!"

하고 총 소리가 울렸다.

사나이는 식당 한가운데에 쓰러지고 말았다. 그의 얼굴과 뒷골에서는 검붉은 피가 마구 쏟아졌다. 스칼렛은 그제서야 권총에서 연기가 피어 오르는 것을 알아차렸다.

"아아, 내가 사람을 죽였어!"

스칼렛은 얼빠진 사람처럼 서 있었다. 그 때, 이층 방에서 퉁탕거리는 발소리가 들렸다. 놀라서 돌아본 스칼렛의 눈에는, 헌 잠옷을 걸친 멜라니가 죽은 남편 찰스의 사벨을 쥐고 서 있는 모습이 보였다.

멜라니는 침착한 표정으로 이 광경을 지켜보고 있었다. 얼굴은 창백했으나, 그 눈에는 자랑스러운 빛이 떠올라 있었고, 칭찬하는 미소까지 머금고 있었다.

"언니! 사람들이 오기 전에 이 시체를 치워 버려야 해요."

멜라니는 힘차게 계단을 내려오면서 귓속말을 하였다. 두 여인은 있는 힘을 다해서 사나이의 시체를 끌고 나갔다.

"아참, 몸을 뒤져 봅시다."

멜라니가 말하였다. 시체의 주머니와 배낭을 뒤져 보니, 북부 정부의 지폐와 10달러짜리 금화 한 개, 5달러짜리 금화 두 개가 나왔고, 배낭에서는 값진 보석과 타다 남은 초 동강, 담배와 커피 봉지 등이 나왔다.

두 사람은 서로 눈짓으로 말을 하며, 피가 흐르는 시체를 조심조심 뜰 한 모퉁이에 묻었다. 그러나 이 숨막히는 시간이 흐르는 동안, 두 여인의 몸은 얼음장같이 싸늘해져 갔다. 무거운 시체를 야트막한 구덩이에 묻던 순간의 무시무시한 긴장감은 스칼렛을 견디기 힘든 공포 속으로 몰아넣었다.

그러나 이 사나이에게서 빼앗은 보석과 돈은 한 푼도 없던 스칼렛에게는 다시없는 큰 수확이었다. 그녀는 그것만으로도 마음이 환하게 밝

아지는 것 같았다.

그 해는 11월이 되어도 늦더위가 계속되었다.

스칼렛의 노력으로 오하라 집안 식구들이 먹을 만한 식량을 얻었다. 천신만고 끝에 재배한 목화도 수확할 수 있었다. 일단 최악의 고비는 넘긴 셈이었다.

두 동생과 멜라니도 곧 건강을 회복하였다. 내년 봄이 되면 전쟁도 끝날 것이다. 전쟁만 끝나면 다시 살기 좋은 세상이 올 것이다. 그렇게 되면 사람들은 다시 풍성한 수확을 꿈꾸면서 씨를 뿌리게 될 것이다.

스칼렛의 가슴에도 다시 희망이 찾아왔다. 그러나 11월 중순의 어느 날, 또다시 악마가 들이닥쳤다.

"북군이 와요! 이쪽으로 오고 있어요!"

이렇게 외치면서 폰텐 댁의 딸 쉐리가 뛰어왔다. 집안 식구가 한꺼번에 현관으로 뛰어나갔다.

'간신히 이만큼 쌓아올린 것을 또다시 빼앗겨야 하다니! 목화도 가축도 식량도 또 저놈들에게 약탈당해야 한단 말인가!'

집안 사람들은 절망과 공포에 질려 부들부들 떨고 있었다.

"이제 우리는 죽고 말 거야. 어쩔 수 없이!"

스칼렛은 저마다 지껄여 대는 집안 식구들을 냉정하게 바라보면서, 불타오르는 분노를 꿀꺽 삼키고 있었다.

"더 이상 저 도둑놈들에게 빼앗길 수는 없어!"

스칼렛은 이렇게 소리 지르고, 가축을 집 뒤의 늪으로 몰아넣게 한 뒤, 가족들에게 들 수 있을 만큼 식량을 들고 달아나라고 엄하게 명령하였다.

멜라니도 쫓겨나듯이 말을 타다가,

"아, 우리 아기를 두고 왔어!"

하고 허둥대며 소리쳤다.

"보는 내가 맡을 테니 빨리 달아나요!"

넓은 집 안에는 스칼렛만이 남아 있었다. 미처 도망가지 못한 웨이드가 그녀의 치맛자락에 매달리면서 울어 댔다.

스칼렛은 옷장 서랍을 열고 북부 병사에게 빼앗은 돈과 보석을 꺼내어, 기저귀 속에다 감추었다.

울부짖는 웨이드를 간신히 달래며 스칼렛은 집 문 앞에 서서 북군 병사들의 동정을 살피고 있었다.

드디어 가로수 저쪽으로부터 말발굽 소리가 요란하게 들리더니, 한 떼의 병사들이 들이닥쳤다. 그들은 스칼렛에게 아무 말도 하지 않고, 닥치는 대로 이불과 천장을 칼로 찌르면서 물건을 찾아내는 데만 정신이 팔려 있었다. 상사는 머리가 희끗희끗한 조그마한 사나이였다.

그는 담배를 한입에 넣고 꾸역꾸역 씹으면서,

　"가진 걸 몽땅 내놔!"

하고 스칼렛에게 달려들었다. 그는 스칼렛에게서 사파이어 결혼반지와 아버지가 어머니에게 선물한 석류석 귀걸이를 **빼앗았다.** 이층에서 내려오는 패거리 중에는 찰스의 사벨을 가진 놈도 있었다.

　그것을 보자 웨이드가,

　"그 칼은 내 거야!"

하고 울음을 터뜨렸다.

　"그건 이애 할아버지의 유품이에요. 멕시코 전쟁 때, 할아버지가 부하들에게 선사 받은 거예요. 대위님, 제발 그것만은 두고 가 주세요."

　대위라는 말을 들은 상사는 기분이 좋아졌는지,

　"사벨만은 내줘!"

하고 부하들에게 명령하였다.

　이 불한당들은 값나가는 것은 모두 가지고 돌아가 버렸다. 그 동안 스칼렛은 온몸이 떨리고, 얼굴은 살아 있는 사람의 그것이 아니었다. 그들이 떠나가자, 스칼렛은 보를 안은 채 그 자리에 푹 쓰러지고 말았다.

　그 때 어디선가 옷감 타는 냄새가 코에 스며들었다. 목화를 넣어 둔 창고에 불이 난 것이다. 이 추운 겨울 동안, 집안 식구들을 먹여 살릴 목화가 잿더미로 변하고 있었다.

　"불이야!"

　순식간에 스칼렛의 몸은 **빳빳하게** 굳어졌다. 부엌에서도 연기가 피어오르고 있었다. 내버려두면 집 전체가 불타 버리고 말 것이라 생각한 스칼렛은 미친 사람처럼 일어서서 보를 마룻바닥에 내려놓고 뛰어갔다.

　그녀는 마루에 깔려 있던 융단을 물에 적셔 가지고, 연기 속으로 뛰어 들어갔다. 어느 새 멜라니도 돌아와 있었다. 두 여인은 옷과 머리카락을 새까맣게 그을리면서 필사적으로 불을 껐다.

"언니 얼굴이 깜둥이 같아요."

"멜라니도 마찬가지야."

불을 다 끄고 난 두 여인은 쉴새없이 기침을 콜록거리면서도 서로를 쳐다보며 농담을 주고받았다.

'이상한 일이야. 저렇게 약하디 약한 몸인데도 멜라니는 위험에서 날 곧잘 구해 주었어. 지난번 북부 놈을 죽였을 때도 그랬고, 오늘도 역시 그랬어. 연기에 취해 쓰러졌을 때, 나를 격려해 준 사람도 멜라니였어. 도대체 멜라니의 어디에 그런 강인함이 숨어 있을까?'

스칼렛은 이렇게 생각하면서, 멜라니에게 진심 어린 존경심과 친밀한 우애를 느꼈다.

"멜라니는 내가 필요한 경우에는 언제라도 나타나는 사람이야."

스칼렛은 멜라니에게 안긴 채 두 사람이 서로 힘을 합치면 이 쓰러져 가는 타라도 충분히 구해 낼 수 있다는 신념을 굳게 다졌다.

첫 행복

드디어 찬서리가 내리고, 추위가 닥쳐왔다.

셔먼 부대가 두 번이나 타라를 약탈하는 바람에 식량이 대폭 줄어들었지만, 오하라 댁은 다른 집에 비하면 아직은 나은 편이었다. 암소와 송아지, 그 외 여러 마리의 돼지 새끼와 망아지가 남아 있었다.

흑인 포크는 먼 곳까지 식량을 구하러 나갔다. 그는 약간의 보리와 말린 콩을 한 주머니나 얻어 가지고 오는 때도 있었다. 그리고 암탉을 잡아 올 때도 있었다.

그러나 굶주림은 여전하였다. 타라의 식구들은 추위와 배고픔으로 긴

긴 밤 잠을 이루지 못할 때가 많았다.

크리스마스 때는 프랭크 케네디가 조달 소대를 거느리고 타라까지 군용품을 구하러 온 일이 있었다. 그는 변해 버린 타라에서 하루를 쉬고, 스웰렌과 약혼을 하였다.

'스웰렌이 결혼을 하면, 입이 하나는 줄겠군……'

스칼렛은 이런 생각을 하였다.

이듬해 4월, 존스턴 장군이 남은 부대를 인솔하고 북캐롤라이나에서 북군에게 항복하였다. 그리하여 전쟁은 끝이 났다.

이 소식을 들은 멜라니와 스웰렌과 캐린은 남부의 정의가 짓밟힌 것에 분개하며 울었다. 그러나 스칼렛에게는 남군의 항복이 슬프기는커녕 오히려 위안이 되었다.

그녀는,

'아아, 잘 됐어!'

하는 생각까지 들 정도였다.

그 해 여름이 되자, 남군의 패잔병들은 무거운 걸음을 옮기면서 하나둘 고향으로 돌아오기 시작하였다. 손발을 잃고 눈이 먼 부상병들은 전우의 어깨에 의지하면서, 황폐해진 고향을 찾아 하루 종일 행군을 계속했다.

병사들 중에는 병이 심해서 걸을 수 없는 사람들도 있었는데, 그들은 농가에서 신세를 지면서 회복을 기다렸다. 윌 벤튼도 그런 사람 중 하나였다.

윌은 의식을 잃은 채, 전우의 말에 실려 오하라 댁으로 왔다. 그는 심한 폐렴을 앓고 있었지만, 워낙 건강한 체질이라 점차 회복되었다.

그는 집 안을 걸어다닐 수 있을 정도가 되자, 솜씨 있게 장난감을 만들어 웨이드를 즐겁게 해 주었다. 웨이드도 윌을 잘 따르고 좋아하는 것 같았다. 윌은 선량하고 점잖은 사나이였다.

그의 한쪽 다리는 무릎 아래로 절단되어서 의족을 하고 있었다. 신분은 확실치 않으나, 가난한 농부의 자식인 것만은 첫눈에 알아볼 수 있었다.

윌은 고향에 돌아가도 별수 없다고 생각했는지, 남자의 손이 모자라는 이 집에서 여러 가지 일을 돌봐 주며 남아 있게 되었다. 몸이 완쾌되자 그는 더욱 열심히 일하였다. 가축 기르는 일도 잘 하였고, 장사꾼의 소질도 갖추고 있었다.

스칼렛은 훌륭한 일꾼을 얻게 되어 기뻤다. 윌은 차츰 오하라 가족의 한 사람으로 대우를 받게 되었다. 그는 제대로 교육도 못 받았고, 예의범절도 몰랐으며, 말수도 적었지만, 꼼꼼하게 일을 처리하는 태도가 스칼렛의 마음에 들었다. 집안 사람들도 점차 그를 믿게 되었다.

윌이 가족의 한 사람이 된 이후, 집안에는 새로운 활기가 돌았다.

윌은 오하라 댁의 막내 캐린을 사랑하고 있는 것 같았다. 전쟁 전만하여도 어림없는 이야기였지만, 현재의 스칼렛에게는 이 사나이를 집에 잡아 두기 위해서는 받아들여야 할 일이었다.

그러나 캐린은 첫사랑이었던 브렌트 달튼이 전사한 뒤로는 성경 읽기에 몰두할 뿐, 현실 세계와의 접촉을 싫어하였다. 그녀는 윌에게 부드럽게 대하면서도 하인 이상으로는 가까이하지 않았다.

아무튼 오하라 일가는 이 말썽 없고 충실한 일꾼 덕분에 겨울을 무난히 넘길 수 있었다.

멜라니도 기운이 나서 명랑하게 콧노래를 부를 때가 있었지만, 때때로 우울증에 걸려 초조해하였다. 아마 그녀는 생사를 모르는 애슐리를 생각하는 것 같았다.

그러던 어느 날 애슐리가 북일리노이에서 살아서 돌아왔다. 누더기 같은 군복을 입고 머리카락과 수염을 텁수룩히 기른 애슐리가, 다리를 절뚝거리며 돌아온 것이었다.

멜라니는 애슐리를 보자마자, 가느다란 팔로 그의 목을 힘껏 껴안았다. 애슐리에게 매달린 멜라니는 목을 놓아 울었다.

스칼렛도 미친 듯이 기뻐하며, 층계를 뛰어 내려가려고 하였다.

"방해해서는 안 됩니다."

그 때, 윌이 스칼렛의 손을 꽉 잡고 조용히 말하였다.

"놔요, 놓으라니까! 애슐리가 돌아왔어요."

"그러나 저 분은 멜라니 씨의 남편입니다."

이렇게 말하는 윌의 눈에는 스칼렛의 마음속을 알아차린 듯한 연민의 빛이 떠돌고 있었다.

"그래, 애슐리의 아내는 멜라니지……. 나는 애슐리에게 아무것도 아냐!"

스칼렛은 나날이 활기를 띠어 가는 멜라니에게 질투를 느꼈다.

애슐리가 살아 돌아와 한 집에서 살게 된 것은 매우 즐거운 일이었으나, 두 사람이 밤낮으로 행복해하는 모습을 보는 것은 슬프고 쓸쓸한 일이었다.

사랑은 가고

1866년 1월이었다.

스칼렛은 혼자 사무실에 앉아 있었다. 그 때 추위에 귀까지 빨개진 윌이 들어왔다.

"스칼렛, 현재 돈이 얼마나 있습니까?"

"금화로 10달러쯤 있을 거예요."

"그것으로는 세금을 못 내겠는데요."

"아, 세금 말이군요. 벌써 냈는데요."

"그것으론 아직도 부족하답니다. 북부 정부는 이 주를 다른 데보다도 값어치 있게 생각하고 있어요."

월은 긴 의자에 앉아, 세금을 못 내게 되면 그들은 타라를 경매에 붙일 것이라고 말하였다.

전쟁에서 진 남부 지방은 북부 정부에게 정치적 주권을 빼앗겼으며, 조지아 주에는 여전히 계엄령이 실시되고 있었다.

노예 해방청이 주체가 되어 각종 기관을 파악하고, 남부에서는 불리한 규칙들이 시행되고 있었다. 군대를 가진 해방청은 일일이 간섭하면서, 남부 사람을 가혹하게 대하였다. 북부 사람들이 일방적으로 특별세를 물도록 결정한 일이 있는데, 타라의 소유권 문제도 여기에 관계되는 것이었다.

"아니, 그럼 대관절 얼마나 내라는 거예요?"

"3백 달러라고 합니다."

"어머나, 그렇게 많은 세금을 어디서 구해 내겠어요?"

"그래서 저도 골머리를 앓고 있습니다."

"애슐리 씨께 상의해 봤어요?"

"아니오, 아직 말하지 않았어요."

"그럼, 내가 갔다 오죠."

바깥 날씨가 몹시 차가웠다. 스칼렛은 과수원에 있는 애슐리를 찾아갔다.

'오늘은, 단둘이 이야기를 할 수 있을 거야.'

이렇게 생각한 스칼렛의 마음은 울렁거렸다.

과수원의 석류나무 그늘에서 애슐리는 장작을 패고 있었다. 그는 호

두빛 바지와 제럴드의 셔츠를 입고 도끼질을 하고 있었다. 남루한 옷차림에 도끼를 쥐고 초라하게 서 있는 애슐리의 모습을 보자, 스칼렛은 가슴이 아파왔다.

'저 사람이 옛날의 귀공자 애슐리인가? 이런 힘든 일을 하기에는 그의 과거가 너무나 아름다워! 만약에 그가 내 남편이라면 뛰어가서 부둥켜안고 한없이 위로해 주고 싶어. 장작 패는 일 따위는 내가 대신 하겠어!'

"에이브러햄 링컨도 장작 패기부터 시작했다는데, 어디 나도 그만큼 위대해질 수 있을 것 같소?"

스칼렛을 보자 애슐리는 미소를 지으며 농담을 건넸다.

"애슐리, 돈 준비가 잘 안 돼요."

"돈 말이오? 나로서는 대답할 수가 없군요. 요즘 돈 가진 사람은 레트 버틀러밖에는 없지 않소?"

애슐리는 쓸쓸하게 고개를 숙이며 도끼를 땅에 내려놓았다. 그는 먼 나라를 회상하는 눈길로 말을 이었다.

"결국 하나의 문명이 무너졌을 때의 경우가 여기서도 일어나고 있는 거요. 어쩔 수 없는 일이지. 명석한 두뇌와 용기를 가진 자만이 이기는 것이오. 나 같은 인간은, 전후의 가혹한 현실을 헤쳐 나갈 힘과 자격을 갖추지 못한 못난 놈이오."

스칼렛은 아무 말도 하지 않았다.

'문명이 어쩌니, 가혹한 현실이 어떻다느니, 역시 이 분은 동떨어진 소리만 하는구나.'

스칼렛은 쓰디쓴 절망을 느끼면서 애슐리의 얼굴을 쳐다보았다.

"나는 당신의 씩씩한 손에 호감을 느껴요. 이렇게 고운 손이 또 어디 있을까! 이 손이 아름다운 것은 굳센 까닭이오. 이 단단하게 박인 못은 말하자면 일종의 훈장이죠."

애슐리는 스칼렛의 거친 두 손을 잡고 살짝 키스를 하였다. 스칼렛은 언제까지라도 그대로 있고 싶었으나, 애슐리는 곧 손을 놓아 버렸다.

"나는 모든 걸 다 잃어버리고 말았소. 이제부터라도 농사일을 배워야 하는데……. 현실을 똑바로 못 보는 나라는 인간은 비겁한 놈이오."

"그렇지 않아요. 당신이 비겁했다면 게티스버그에서 대포 위에 올라가서까지 부하를 격려할 수는 없었을 거예요. 그렇게도 용감하시던 당신이……."

"그건 용기가 아니오, 스칼렛. 당신은 연약한 몸으로 태연하게 현실과 맞설 수가 있잖소. 그런데 나는 현실에서 달아날 방법밖에는 생각하고 있지 않소."

"달아나요? 애슐리, 저도 달아나고 싶어요. 우리 둘이서 어디로든지 달아나요! 멕시코에서는 지금 장교를 모집하고 있다는데, 멕시코로 가요. 우리, 거기서 새롭게 시작해요, 애슐리!"

애슐리는 뭐라고 말하려는 듯하였으나, 다시 괴로운 표정을 지으며 입을 다물었다.

거센 물결처럼 일렁이는 격정이 스칼렛을 사로잡았다.

"저는 아직도 그 날의 일을 기억하고 있어요. 당신은 저를 멜라니보다 더 사랑한다고 말씀하셨어요. 그러니 어서 달아나요!"

애슐리의 손이 스칼렛의 어깨를 꽉 잡는 순간, 스칼렛의 가슴은 마구 뛰기 시작했다. 나뭇잎이 따뜻한 햇살을 받고 한들거리듯, 어둡고 쓸쓸하던 과거의 추억은 한꺼번에 사라져 그들 마음에도 다시 봄이 찾아왔다.

"애슐리, 사랑한다고 한 마디만 해 주세요."

"안 됩니다. 그렇게 되면 우리 두 사람은 영원히 씻지 못할 죄를 짓게 되오. 스칼렛, 이 모든 게 내 잘못이오. 나는 멜라니와 자식을 데리고 당장 나가겠소."

"나가다니요?"

스칼렛은 비명을 지르듯 외쳤다.

"안 돼요!"

"그러나 나로서는 더 이상 이렇게 뻔뻔스럽게 살 수가 없소."

"어째서죠? 당신은 나를 조금도 사랑하고 있지 않나요?"

"스칼렛, 당신은 끝내 내게서 그 말을 듣고 싶소? 그렇다면 말을 하지요. 나는 당신을 사랑하고 있소. 사랑하기 때문에 당신의 호의를 짓밟을 수가 없소. 더구나 나는 착한 아내를 배반할 수는 없소."

애슐리는 파랗게 질려서 간신히 말하였다.

'이 분은 끝내 멜라니를 버리지 않아! 나도 이제는 그만 집으로 들어가야겠어.'

하고 생각하면서도 스칼렛은 그대로 서 있었다.

잠시 동안 스칼렛의 얼굴을 쳐다보고 있던 애슐리는 몸을 굽혀 한 줌의 흙을 집어서 스칼렛의 손바닥에 올려놓았다.

"스칼렛, 당신이 나보다도 더 사랑하는 것은 바로 이 타라의 흙이오. 당신은 이 흙과 더불어 굳세게 살아나갈 사람이오. 타라의 이 흙은 당신의 생명이나 다름없소."

스칼렛은 손바닥에 놓인 흙을 보면서, 애슐리의 정신적인 결백 앞에서는 어떠한 정열도 이기지 못한다는 것을 깨달았다.

침입자

스칼렛은 현관 층계를 힘없이 올라갔다. 다리가 휘청거리고 마음은 완전히 텅 비어 있었다.

"이게 내 것이야, 이것만이……."

이렇게 중얼거리면서 손에 쥔 흙을 꼭 움켜쥐었다.

"그래, 내게는 아직도 이 흙이 남아 있어!"

몇 번이고 똑같은 말만 되풀이하는 동안에 흙에 대한 생각이 그녀의 마음을 차지하였다. 2, 3분 전만 하더라도 헌신짝 버리듯 내던지려던 땅이었건만, 이제 와서는 스칼렛에게 남겨진 단 하나의 귀중한 재산이 되고 말았다.

스칼렛이 현관문을 닫으려 할 때, 훌륭한 마차 한 대가 와서 섰다. 마차에서 내린 사람은 옛날 오하라 댁의 관리인이며, 전쟁이 일어나기 하루 전날 쫓겨 나간 조나스 월커슨이었다. 조나스의 손을 잡고 마차 안에서 내린 여자는 이웃에 살던 빈농의 딸 에미였다.

눈부시게 화려한 옷을 입고 어울리지 않게 짙은 화장을 한 에미는 스칼렛을 보자 아부하는 미소를 지었다.

'이 여자의 병을 간호하다가 어머니는 이질에 걸려 세상을 떠나셨어. 조나스는 이 여자에게 아이를 갖게 한 죄로 우리 집에서 쫓겨났고. 그런데도 두 사람은 지금 뻔뻔스럽고 당당하게 우리 집 현관에 들어서고 있어.'

스칼렛은 보란 듯이 차려입은 두 사람을 대하자, 분노에 못 이겨 온몸을 떨었다.

"그 층계를 밟지 마! 못된 계집애 같으니라고. 썩 물러가지 못해!"

에미는 스칼렛의 위엄에 눌려서 얼굴을 푹 숙였다.

"내 아내에게 그런 말투를 쓰지 마시오!"

조나스가 이상하게 침착한 태도로 말하였다.

"아내라고요?"

스칼렛은 참지 못하고 픽 웃어 버렸다.

"흥, 그래 이 여자를 아내로 삼을 만한 세상이 되었군. 하지만 이 여자는 우리 어머니를 죽였어. 그 뒤 아이를 몇이나 더 낳았어요? 대관절 누구에게 세례를 받았느냔 말이에요?"

에미는 참을 수 없다는 듯이 마차 안으로 뛰어 들어가 버렸다.

"우리는 방문객으로 온 것이 아니오. 옛날 친구와 간단한 상담을 하기 위하여……."

"친구라고? 상담을 한다고? 그만둬요. 당신은 에미의 자식 때문에 해고당했다는 것을 잊었어요? 어서 이 집에서 나가요!"

"흥, 여전하시군. 하지만 세상은 이미 변했단 말이오. 오늘 내가 여기에 온 것은 당신이 세금을 못 내고 파산 지경에 빠진 것을 구해 주려고 온 것이오. 어떻소? 가구까지 몽땅 살 테니, 우리한테 이 집을 넘기시죠? 사실은 에미가 이 집을 탐내고 있소. 좋은 값으로 쳐 드릴까 하고 왔는데, 그렇게 건방지게 대하다니. 흥, 그만두겠소!"

"나가! 한 발이라도 이 집 안에 발을 들여놓았다가는 그냥 두지 않을 거야!"

조나스는 얕보듯이 코웃음을 치면서 스칼렛을 다시 한 번 쏘아보고는 나가 버렸다.

북군이 이 지방을 점령한 뒤로, 북쪽에서 내려온 이주민들의 세도는 날이 갈수록 커졌다.

조나스도 현재 노예 해방청에 근무하고 있었다. 소문에 의하면 그는 공금 횡령을 하고 흑인의 임금을 가로채어 남방 정부의 것이라고 우기고는, 사방의 농가에서 제멋대로 목화를 압수하여 상당한 부자가 되었다는 것이다.

그들은 옛날의 앙갚음으로 몰락한 주인을 찾아왔던 것이다.

스칼렛은 노여움에 못 이겨 말문이 막힐 지경이었다. 한편 3백 달러의 특별 세금을 못 물게 되면 타라가 경매에 넘어간다는 사실을 떠올리니 온몸이 싸늘해지는 것 같았다.

'아, 돈! 돈만 있으면 이런 고생도 하지 않을 텐데. 저런 천한 것들한테 이런 모욕을 당하다니. 아, 돈을 빌려 줄 사람이 없을까? 간신히 이 저택의 살림을 꾸려 나가는데, 이런 일이 생기다니. 온 집 안을 털어 봐도 3백 달러라는 큰 돈이 있을 리 없지! 이 일을 어떻게 하나!'

세금 납부 기일은 점점 다가오고 있는데, 스칼렛은 무기력하게 한숨만 내쉴 뿐이었다.

'북부 사람들은 온갖 방법으로 가혹한 세금을 부과해서 타라를 빼앗아 가려 하고 있어. 돈만 빌려 준다면 무슨 짓이라도 할 텐데.'

눈앞이 캄캄해지자, 스칼렛은 이런 생각까지 하게 되었다.

'그렇지, 레트 버틀러! 그 사람은 틀림없이 돈을 가지고 있을 거야.'

왜 진작 레트를 생각하지 못했는지 이상한 일이라고 스칼렛은 생각하였다.

'다이아몬드와 귀걸이를 저당잡히면 그는 돈을 빌려 줄 거야.'

이렇게 생각하며 마음을 가라앉히고 나니 온몸에서 힘이 쏙 빠져 나가는 것 같았다.

"내가 반한 여자는 아직까지 당신밖에 없소. 그런데 무작정 기다리다니 이게 말이 되는 일이오?"

언젠가 레트는 이렇게 속삭였었다.

'레트하고 결혼만 하면 돈 걱정은 하지 않고 호화롭게 살 수가 있어. 남부 연방을 배반하고 모아 온 재물을 남몰래 숨겨 두고 있을 거야. 그는 웬만한 수단에는 속지 않는 사나이야. 하지만 내가 적극적으로 나서기만 하면 승낙하겠지. 생각만 해도 끔찍한 일이지만, 타라를 빼

앗기지 않으려면 이 방법밖에는 없어. 가족과 하인들을 구하려면 레트가 원하는 대로 하는 수밖에는…….'

곤경에 빠진 지금 처지로는 레트에게 매달리지 않으면 파산밖에 남는 것이 없었다.

레트와 스칼렛이 가까워지면 사람들은 다시 그녀에게 조소와 야유를 보낼 것이다.

하지만 체면을 차릴 때가 아니었다. 가족의 목숨과 사랑하는 타라를 지키기 위해서는 어쩔 수 없는 일이었다.

조나스에게 멸시받은 생각을 하면, 오히려 레트와 가까워지는 편이 훨씬 나았다.

이 하루 동안 스칼렛은 과수원에서 있었던 애슐리와의 사건과 뜻밖의 세금 문제, 조나스의 불쾌한 출현으로 마음이 몹시 괴로웠다.

그렇게 미워하던 레트에게 구원을 바라면서 아무 저항을 느끼지 않는 것 역시 피로하기 때문일 것이다. 저항을 못 느낄 뿐만 아니라, 만약 레트가 자기를 잊고 말았다면 옛날의 추억을 들추어 낼 것까지도 생각하고 있었다.

그러나 옛날의 매력적인 스칼렛 오하라의 아름답던 모습은 지금 어디로 간 것일까.

피부는 햇볕에 그을렸고, 반달 같은 눈썹은 칼날처럼 험해졌으며, 손은 상어 껍질처럼 거칠게 터져 있었다. 더구나 외출복 한 벌도 못 가진 꼴로 동정을 구해 봤댔자 레트는 한 푼도 내놓지 않을 것 같았다.

"내가 어리석어. 이렇게 남루한 모습으로 레트를 움직일 수 있다고 생각하다니! 이제는 그 사람을 사로잡을 만한 매력이 하나도 남아 있지 않아. 어떻게 이런 꼴로……."

스칼렛은 녹색 벨벳 커튼에 볼을 비비면서 밀려오는 절망감에 몸부림

쳤다. 으슥한 삼나무 숲 너머로 붉게 타오르는 저녁 노을을 받으면서 묘지가 고요히 누워 있었다.

스칼렛이 멍하니 바깥 풍경을 보고 있을 때, 스칼렛의 볼에 녹색 커튼의 부드러운 감촉이 와 닿았다. 이 커튼은 돌아가신 어머니가 감추어 두었던 물건이었다. 그녀는 커튼을 올려다보았다.

잠시 후, 스칼렛은 무거운 대리석 테이블을 발판 삼아 힘껏 커튼을 뜯어 내리고 있었다. 못이 빠지고 나무가 떨어지는 소리가 들렸다.

"아씨, 이게 웬일입니까?"

마미는 방 안을 들여다보고는 의심스럽다는 듯 비난 섞인 말투와 눈총을 보냈다.

"참견 말고 빨리 이층에 가서 내 옷본을 가지고 와요. 이 커튼으로 새 옷을 만들어야지."

"큰일 날 소리를 다 하시네요. 엘렌 마님의 커튼으로 옷을 짓다니, 그런 무례한 행동이 어디 있어요?"

완고한 마미는 스칼렛의 명령을 끝까지 거부하였다. 스칼렛은 억지로 웃으면서 애틀랜타에 다녀오겠다는 말을 꺼내어 가족들을 놀라게 하였다. 그리고 동생들을 재촉하여 어머니의 기념품인 커튼을 뜯어서 옷을 만들게 하였다.

"타라를 저당잡히더라도 돈을 준비해 올 테니, 조용히 앉아서 굿이나 보고 떡이나 먹으라는 말이에요."

농담조로 지껄이는 스칼렛의 말에 끌려서 가족들은 기쁘게 웃었다. 그러나 애슐리와 멜라니, 그리고 월은 스칼렛의 이상한 행동에는 반드시 무슨 곡절이 있을 거라고 생각하며, 그것이 돈에 관한 일이라는 것을 막연히 예측하고는 불안해하였다.

감옥에도 희망이

다음 날 오후, 스칼렛은 마미와 함께 애틀랜타 역에 내렸다.

1862년 어느 날 아침, 젊은 미망인의 신세가 되어서 이 거리에 왔던 당시의 일을 생각하면 가슴이 저리도록 아팠다. 그 때는 그래도 검은색 일망정 새 비단옷을 입고 있었다. 그러나 지금은 어머니의 유물인 벨벳 커튼을 두르고 돈에 쫓겨서, 저 얄미운 레트 버틀러를 찾아 이 거리에 온 것이다.

스칼렛은 좁은 길을 따라 피치트리 가를 향하여 걸어갔다. 시가지는 형편없이 황폐해져 있었다.

시커멓게 탄 건물, 반쯤 남아 있는 창고, 뼈만 앙상한 선로. 스칼렛은 마치 처음 보는 거리를 대하는 것 같았다.

북군의 군대가 폐허의 거리를 경비하고 있었다. 수리한 집이며 새로 생긴 가게 입구며 사무실의 창문들을 둘러보아도 아는 이름은 하나도 눈에 띄지 않았다.

새로 짓고 있는 건물 가운데에는 3층 건물도 있었다. 폐허 속에서 다시 살아나고 있는 거리의 풍경은 스칼렛에게 커다란 감동을 주었다.

미드 씨 댁과 와이팅 씨 댁의 타 버린 집터를 멍하니 바라보던 스칼렛은 차라리 아는 사람을 만나지 않는 것이 편안하였다.

피치트리 가의 피티 고모의 집은 헐기는 하였으나 파괴된 곳은 없었다. 고모는 진심으로 반가워하였다. 그 동안에 고모는 많이 늙어 있었고, 여전히 울기를 잘 하였다.

노란 램프 등잔 아래, 식탁을 사이에 두고 앉은 두 사람은 그 동안 겪은 이야기를 나누었다. 피티 고모의 집도 전쟁 후로는 힘들어졌다. 헨리 백부님이 부쳐 주는 얼마 안 되는 생활비로 겨우겨우 살아가고 있는 형편이었다.

"모두들 변했어. 메리웨더 부인은 메이벨과 함께 북부 병사들에게 파이를 구워서 팔고 있어. 피카르가 전쟁에서 돌아오기를 기다리면서!

미드 박사 부부도 두 아들을 나라에 바쳤어. 집은 다 타 버리고 지금은 엘싱 씨 댁에서 신세를 지고 있단다. 엘싱 씨 댁에는 그 밖에도 와이팅 부부와 본넬 부인, 그리고 집세를 내는 손님들이 방을 빌려 쓰고 있어. 엘싱 댁의 파니라는 딸 말이야. 그 아이는 지금 사기그릇에다 그림을 그리고 있고, 법률 공부를 하던 휴는 나무 장사를 하고 있어. 너나할 것 없이 모두들 옛날 모습이라고는 찾아볼 수가 없단다. 그것을 생각하면 자꾸 눈물이 나와서……."

피티 고모는 눈물을 글썽이며 옛날 친지들의 소식을 넋두리처럼 늘어놓았다. 그들은 아직도 왕래하면서, 옛 추억을 그리워하며 서로를 위로해 주고 있었다. 스칼렛은 고개를 끄덕이면서 열심히 들었다. 그러면서 한편으로는 레트의 소식이 궁금하여 마음을 태웠다.

"아참, 레트 버틀러 말이다. 그 사람은 감옥에 있다고 하더라."

마침내 피티 고모의 입에서 레트의 소식이 나왔다.

"아니, 감옥이라니요? 어쩌다가 갇혔을까요?"

"아직 확실한 건 잘 모르겠지만, 소문에 의하면 그 사람이 백인 부인을 겁탈한 흑인을 죽였다는 혐의로 구속되었다는데, 그것이 다 해방된 흑인들을 보호하기 위한 정부의 방침이라고 하는구나. 북부 정부는 진범이든 아니든 마구 잡아넣고 있어. 불행하게도 그가 그 속에 끼여든 거지."

피티 고모의 말에 의하면 사건의 내용은 다음과 같았다.

요즘 애틀랜타에는 'K.K.K'라는 약칭으로 불리는 비밀 결사대가 생겼는데, 이 조직은 해방된 흑인들이 북군의 동정과 보호를 배경으로 지나치게 폭행을 일삼기 때문에, 이것에 대항할 목적으로 비밀리에 만들어졌다고 하였다.

이 결사대는 남방의 백인을 옹호하는 단체로, 폭행을 일삼는 흑인에게 매질을 가하고 괴상한 복장을 한 채 말을 타고 밤마다 나타났다. 그들은 흑인을 위협하며 애틀랜타에서 물러가라고 하고, 북방에서 밀려드는 불량배들에게 겁을 주기도 하였다.

레트는 그 단체의 한 사람으로 몰려 혐의를 받고 갇혔는데, 내막을 알고 보면 결사대와 관계된 것이 아니라, 레트가 숨겨 둔 재산이 있는 곳을 자백시키기 위한 정부의 트집이라고 하였다.

"소문에 따르면, 숨겨 둔 금화만 해도 수백만 달러나 된다고 하더라. 봉쇄망을 뚫고 정부의 목화를 영국에 판 대금을, 영국의 리버풀 은행에다 자기 이름으로 예금을 했대. 그래서 레트 버틀러가 자백을 하지 않으면 남부 연방의 돈까지 그의 몫이 되어 버린다는 거야. 미드 박사는 매국노이며 도둑놈 같은 그와 같은 인간은 어쨌든 목 졸라 죽여야 한다고 말씀하셨어. 그래야만 그런 놈들이 정신을 차린다고 하시며 대단히 분노하고 계시지."

"정말 끔찍한 일이군요. 그런데 레트 버틀러는 지금 어디에 갇혀 있어요?"

"광장 근처의 소방서에 있어. 거기가 군대 감옥이 됐지 뭐니?"

"소방서라고요? 그거 잘 됐군요!"

스칼렛은 겉으로는 욕을 하면서도, 레트가 교수형에 처해지면 자기 입장이 난처해진다고 걱정을 하였다.

'그에게 무슨 일이 생기기 전에 어떻게 해서든지 약속만이라도 받아 두어야지. 확실한 증거만 있으면 그가 사형당한 뒤에라도 돈을 찾을 수 있어. 잘 해서 그와 결혼을 할 수 있다면 그야말로 그의 미망인으

로서 막대한 유산을 상속받을 수도 있을 텐데. 하여튼 내일은 혼자서 몰래 레트를 만나러 가 봐야겠어.'

이런 결심을 한 스칼렛은 내일의 면회에 큰 기대를 걸고 있었다.

실 패

다음 날 아침, 밤새도록 내리던 비는 그쳤지만 바람이 세차게 불었고, 햇빛이 구름 사이로 나왔다가 숨어 버렸다.

스칼렛은 마미가 피터 영감과 함께 본넬 부인 댁으로 갈 때까지 침대 속에서 꾀병을 앓고 있었다. 그들이 떠난 뒤, 그녀는 정성스럽게 화장을 하고 살며시 집을 빠져 나갔다.

뜻밖에 바람이 세차게 불어서 얇은 외투를 입은 스칼렛은 추워서 덜덜 떨었다. 그녀는 낡아빠진 마차를 잡아타고 시청 쪽으로 달렸다.

북부의 병사들이 시내의 이곳 저곳을 돌아다니고 있었다.

소방서 앞에서 마차를 내린 스칼렛은 푸른 외투를 입은 보초병의 안내로 조심조심 소방서 문을 열고 들어갔다.

"무슨 용건입니까?"

담당 장교가 물었다.

"저, 레트 버틀러 씨를 면회하러 왔는데요. 저는 레트 버틀러의…… 누이예요."

"네, 누이 되십니까? 그 사나이는 누이를 꽤 많이 가진 모양이네요."

장교는 빙글빙글 웃으면서, 친절한 태도로 스칼렛을 면회실까지 안내해 주었다. 그리고 나서 두 사람만의 면회 시간을 허락해 주었다. 방 안은 몹시 추워서 발가락이 얼어붙을 것만 같았다.

"오, 스칼렛!"

방문이 열리고 찬바람이 몰아치면서, 힘찬 남자의 목소리가 들렸다. 레트였다. 그는 두 팔을 벌리고 기쁜 듯이 눈을 깜박이며 서 있었다.

그는 수염을 깎지 않고 넥타이도 매지 않았지만, 단정한 몸가짐은 역시 평소의 레트다웠다.

"나를 면회 오다니, 과분한 친절이군요. 이 곳에 갇힌 후 존경할 만한 시민으로서 나를 찾아 준 사람은 스칼렛 당신이 처음이오. 이것 참, 황송하군."

"피티 고모에게 전해 듣고 그 길로 찾아오는 길이에요."

스칼렛은 되도록 부드럽게 대해 주려고 애를 썼다.

"애틀랜타의 거리를 탈출하던 날 밤, 당신들을 거기에 두고 떠난 나의 행동을 당신이 용서해 주리라고는 꿈에도 생각하지 못했소. 어쨌든 반갑소. 당신의 방문은 나를 용서한다는 뜻이겠죠?"

"아니오, 용서할 수는 없어요."

스칼렛은 이렇게 말하였다.

두 사람은 애틀랜타를 탈출하던 날 밤의 무시무시했던 기억이며, 레트의 애국적인 행동이며, 지나간 이야기를 끝없이 주고받았다. 그러나 그 이야기들은 정작 돈과는 상관없는 이야기들이었다.

스칼렛은 점점 초조해졌으나, 레트는 태연하게 웃으면서 스칼렛의 방문을 즐기고 있었다.

"나는 이 곳에서 잘 지내고 있소. 그런데 당신은 여전히 아름답군! 그래, 요즘은 어떻게 지내고 있소?"

"그럭저럭 잘 지내고 있어요. 타라도 금년에는 수확이 많았어요. 이대로만 가면 내년에도 더 좋은 성과를 올릴 수 있을 거예요."

스칼렛은 미소를 지으며, 일부러 좋은 이야기만 하였다.

"그것 참 다행이오! 그런데 이제 동네 청년들에겐 싫증이 났나 보군요! 그래서 신선한 사람을 찾으러 여기까지 오셨다는 말씀이오?"

"농담은 여전하시군요. 그런데 레트, 이 돼지우리 같은 데서 언제쯤 나갈 수 있나요?"

"전혀 알 수가 없소. 여기서 밧줄 신세를 지게 될지도 모르지."

"그런 슬픈 이야기는 하지 마세요."

스칼렛은 가슴을 억누르면서 슬픈 표정을 지어 보였다.

"당신, 정말 나를 위해서 슬퍼하는 거요? 당신이 슬퍼해 준다면, 내 유서 속에 당신의 이름을 끼워 넣기로 하지."

"아니, 유서라니요?"

스칼렛의 눈이 금세 빛났다. 그러나 레트의 꿰뚫어 보는 듯한 눈길과 부딪치자, 스칼렛은 얼른 고개를 숙였다.

"그렇지만 절대로 단념할 수는 없소. 하하하! 요 귀여운 눈뜬 장님!"

레트는 이렇게 말하며 스칼렛의 손을 힘껏 잡아 쥐었다.

'아, 손을……. 단단하게 못이 박여 거칠어진 손을 보여 주고 말았어!'

레트는 가만히 스칼렛의 손바닥을 내려다보고 있었다. 냉수를 끼얹은 듯한 전율이 스칼렛의 등덜미에 와 닿았다.

"얼굴을 들고 나를 봐요! 그따위 얌전한 표정은 그만 집어치우고."

레트는 잔뜩 화가 난 말투로 말하였다.

"이게 숙녀의 손이란 말이오? 흥, 노동자의 손! 끼니도 제대로 못 얻어먹는 농사꾼의 손이 아니오! 당신은 내게 거짓말을 했군. 모든 것이 다 잘 돼 간다고."

"아니, 레트. 그건 저……."

"가만히 있어요. 당신은 나를 동정해서 찾아온 게 아니야. 아양과 교태를 부려 뭘 어쩌시려고? 자, 이제 여기에 온 목적이 뭔지 솔직히

애기해 봐요."

'장갑이라도 끼고 올 걸. 다 된 일을 여기서 망치다니……'

스칼렛은 이렇게 후회하였으나 이미 들통난 뒤였다. 그래도 스칼렛은 마지막 희망을 잃지 않고 부드러운 애교와 달콤한 콧소리로 대구를 하였다.

"저, 레트! 당신께서 호의를 베풀어 주셨으면……. 돈이 좀 필요해요, 3백 달러쯤……."

"흥, 이제야 진실을 말하는군. 상당한 액수인데, 담보는 뭐요?"

"제 귀걸이는 어떤가요?"

"그런 건 흥미 없소."

"그럼, 타라를 몽땅 잡히겠어요."

"나는 이제 농장이 있어 봐야 별수가 없소."

레트는 고양이가 쥐를 가지고 놀 듯, 스칼렛의 부탁을 피해 가면서 모든 사실을 다 캐내고야 말았다.

"왜 처음부터 솔직하게 말을 하지 않았소? 그러나 내가 요구하는 담보는 당신이오. 물론 3백 달러의 가치가 있을 것 같지는 않지만……. 어떻소? 내 제안을 받아들이겠소?"

스칼렛은 부끄러움과 치욕에 떨면서 간신히 고개를 끄덕였다.

"돈은 언제 주시겠어요?"

"지금은 안 되지. 당장에 가진 건 한 푼도 없고, 그렇다고 수표를 발행할 수도 없소. 북부 사람들이 알기만 하면 못 견디게 나를 고문할 거요. 그러니까 지금은 안 되오."

"그렇지만 저는 당장 필요한데요."

"당신이 아무리 곤란해도 지금은 안 돼. 절대로 안 된단 말이오."

스칼렛은 단번에 레트를 죽여 버리고 싶은 충동을 느꼈다. 가난한 살림살이 이야기를 모두 듣고, 거지처럼 동정하게 하고, 그가 원하는 대로 하겠다고까지 말하였으나, 지금 와서 안 된다고 하는 레트의 냉정한 태도가 한없이 얄밉고 분하였다.

스칼렛은 실컷 욕설을 퍼부어 주려고 마음먹었다. 그 때 갑자기 레트의 손이 스칼렛의 입을 탁 틀어막았다. 스칼렛은 숨이 막히고 심장이 터질 것만 같았다.

"조용하시오. 제발 좀 조용히!"

나지막이 강요하는 레트의 목소리를 꿈결에서처럼 들으며, 분노와 절망에 빠진 스칼렛은 그만 그 자리에 정신을 잃고 쓰러졌다. 겨우 제정신을 차렸을 때는, 젊은 장교가 친절하게 스칼렛의 입에 브랜디를 따라 넣어 주고 있었다.

흐트러진 매무새를 황급히 고친 스칼렛은 옆에 서 있는 레트를 증오의 눈초리로 쏘아보면서 비틀비틀 밖으로 나왔다.

"내가 사형당하는 날, 구경 오시오. 속이 시원할 테니까."

빈정대는 레트의 목소리가 들렸다.

약한 자

진눈깨비가 내렸다.

머리카락을 풀어헤치고 비틀거리면서 스칼렛은 흙탕길을 걸어가고 있었다. 분노와 슬픔에 가슴이 메어 왔다.

'타라를 떠나 올 때 그렇게 큰소리를 쳤는데, 이제 무슨 얼굴로 돌아간담. 아, 이렇게 타라를 잃게 되다니! 굶주린 식구들은 길거리로 쫓겨나고……'

생각하면 할수록 레트에 대한 미움이 새록새록 피어올랐다.

'두 번씩이나 나를 욕보이는 비열하고 냉정한 사나이! 당장에 북부 사람 손에 죽어 버렸으면.'

살을 에는 듯한 비바람과 진눈깨비를 맞으며, 흙탕길을 헤매는 스칼렛의 눈에는 이미 눈물마저 말라 버렸다.

"스칼렛!"

뒤쪽에서 말발굽 소리가 나더니, 누군가 부르는 사람이 있었다.

"아, 프랭크!"

"어서 타십시오."

프랭크 케네디는 스칼렛의 손을 잡아 마차에 태웠다. 프랭크는 스칼렛의 동생인 스웰렌을 사랑하고 있는 중년 상인이며, 지난 해 크리스마스 때 보급 소대를 인솔하고 타라에 다녀간 사람이었다.

"다시 뵙게 되어 반갑습니다. 타라의 가족들도 잘 계신지요? 시간이 없어서 가 보지 못했습니다."

"네, 모두들 잘 있어요."

스칼렛은 대꾸할 기운도 없이 따뜻한 담요를 두르고 그저, "네." "아니오."라고 적당히 대답만 하였다.

'남자가 귀한 요즘인데, 우물쭈물할 것 없이 스웰렌에게 청혼을 하면 될 텐데, 너무 답답해. 마치 젊은 아이들처럼.'

스칼렛은 이렇게 생각하면서 마음속으로는 이 중년의 독신자를 멸시하고 있었다.

"그 뒤 얼마 안 되어 병참부가 해산됐어요. 나는 일선에서 근무했는데, 어깨를 다쳤답니다. …… 뭐, 대단치는 않습니다."

프랭크는 흥미도 없는 이별 후의 이야기를 드문드문 지껄였다. 스칼렛은 몸이 따뜻해지자 졸음이 밀려왔다.

"전쟁이 끝났을 때, 내게는 은화 10달러가 남아 있었지요. 그것을 자본으로 삼아 파이브 포인트 부근에서 고물 장사를 시작했어요. 그 때만 해도 애틀랜타에는 도자기니 침대니 융단 따위가 주인도 없이 나뒹굴고 있었어요. 내버려두면 북부 사람의 소유가 되든지 불타 버리든지 할 것들이었지요. 양심의 가책은 받았지만, 나는 그걸 가져다가 장사를 시작했어요. 한참 물건이 귀하던 전쟁 때라서 파는 건 문제가 되지 않았어요. 덕분에 돈을 좀 벌었어요. 그 밑천으로 새 물건을 사 모았는데, 그게 또 천 달러나 남았어요. 세월이 안정되면 이걸 자본으로 좀더 남는 장사를 해 볼까 계획 중이에요."

"뭐라고요?"

스칼렛은 귀가 번쩍 뜨였다.

'아니, 이 사람이 천 달러나 벌었다고! 그렇다면 상당한 부자네!'

스칼렛은 갑자기 잠이 확 달아나 버렸다. 스칼렛은 프랭크 쪽으로 몸을 바싹 붙이며 다가앉았다.

"그게 무슨 말씀이세요, 프랭크?"

"숙녀 앞에서 장사 이야기를 해서 죄송합니다."

"장사는 잘 모르지만, 퍽 재미있네요. 계속해서 들려주세요."

스칼렛이 기운을 차리는 것을 보자, 프랭크는 아주 기분이 좋아졌다. 그는 더 신이 나서 이야기했다.

"사실은 새로 일을 시작해 볼 계획입니다. 재목이라는 이름만 붙은 물건이면 얼마든지 팔아먹을 수 있는 세상이니까, 제재소를 경영해 볼까 하고요. 제재소 하나만 갖게 되면 노다지를 캐는 거나 다름이 없지요. 마침 나와 있는 제재소가 있어서 이야기 중인데……. 스칼렛, 내가 왜 돈만 생각하는지 아십니까?"

"네, 알겠어요. 그렇지만……."

스칼렛의 머릿속에는 번개처럼 한 가지 생각이 떠올랐다. 그녀는 거

짓으로 눈물을 글썽이며 프랭크의 얼굴을 쳐다보았다.

"저, 스웰렌 말이에요. 다음 달에 토니 폰텐하고 결혼을 해요. 스웰렌이 이야기하지 않던가요? 그 애는 더 이상 늙는 게 싫다면서……."

스칼렛은 되는 대로 마구 거짓말을 하였다.

'돈 많은 이 남자를 동생에게 빼앗길 수는 없어. 스웰렌을 단념시키고 내가 대신 결혼을 해야지. 타라를 구할 돈을 이 남자한테서 얻어 내자!'

그녀는 이렇게 마음을 먹었다.

거친 세상 풍파에 시달려 온 스칼렛은 마지막 희망을 프랭크에게 걸었던 것이다.

'레트는 나를 배반했지만, 대신 하느님은 나에게 프랭크를 주셨어!'

"제가 동생 대신 사과드립니다. 정말 죄송하군요. 일이 이렇게 되어……."

스칼렛은 프랭크의 실망을 진정으로 동정하는 척하면서, 그의 여윈 가슴에 몸을 맡기고 울었다.

프랭크는 처음에는 어쩔 줄 몰라 어리둥절하였으나, 차차 힘있게 아름다운 스칼렛을 껴안았다.

표범처럼

그날 밤은, 마침 엘싱 씨의 딸 파니가 토니 웰번과 결혼하는 날이었다. 신랑 토미는 상이군인이 된 후부터는 의학 공부를 그만두고, 현재는 아일랜드 사람들과 함께 건축업을 하고 있었다.

결혼식에는 이 거리에서 지난날의 명사 부인이었던 미드 부인을 비롯하여 메리웨더 부인과 와이팅 부인, 그리고 많은 지역 유지들이 초대되었다.

예식이 끝나자, 의자와 가구를 한쪽으로 밀친 다음 무도회가 열렸다. 스칼렛은 즐거운 듯이 악사들과 주변의 남자들을 둘러보았다.

엘싱 부인의 아들 휴는 스칼렛의 매혹적인 아름다움을,

"장미 같은 볼, 푸른 보석 같은 눈동자여!"

하고 찬미하였다.

그러나 스칼렛의 목적은 다른 데 있었다. 그것은 이 결혼식에 초대를 받고 와 있는 프랭크와 단둘이 만나는 일이었다. 음악이 연주되고 뭇 사나이들이 스칼렛 주위에서 일어서자, 그녀는 엘싱 부인 옆에 서 있는 프랭크에게 손짓을 하였다. 그러고는,

"저는 저쪽 구석방에 있겠어요. 따뜻한 차 한 잔만 갖다 주시고, 재미 있는 이야기라도 해 주세요."

라고 귓속말로 속삭였다.

스칼렛은 단단한 의자에 얌전하게 앉아서 상기된 얼굴로 신나게 춤을 추고 있는 사람들을 구경하고 있었다.

가난에 찌든 사람들이 즐겁게 춤추는 광경을 바라보면서, 스칼렛은 그들을 멸시했다.

가난은 정말 그녀를 못 견디게 하였다. 이런 상황에서 필요한 만큼 무엇이든지 가지고 싶어하는 스칼렛에게 조금이라도 희망을 갖게 하는 대상은 오직 프랭크뿐이었다.

"오래 기다렸지요?"

프랭크가 한 손에는 딸기술을, 또 한 손엔 과자 접시를 들고 왔다.

"미안합니다."

스칼렛은 프랭크의 눈치를 살피면서, 푸른 눈동자에 넘칠 듯한 미소를 지으며 그를 맞이하였다.

이 날, 스칼렛은 프랭크의 마음을 완전히 사로잡고 말았다.

스웰렌이 토니 폰텐하고 결혼할 거라는 말에 우울해 있던 프랭크는, 스웰렌보다 몇 배나 더 아름답고 매혹적인 스칼렛의 관심을 받게 되자, 밤마다 피티 고모의 집을 방문하였다.

스칼렛의 부드러운 미소와 친절함에 반한 프랭크는 마침내 그녀에게 청혼을 하였다.

"단둘이서만, 프랭크."

스칼렛은 프랭크를 졸라대면서 속삭였다.

"도망가는 연인처럼……. 저는 늘 이 집을 떠나서 결혼하고 싶었어요."

'이렇게 아름다운 여자와 결혼을 하게 되다니, 마치 꿈만 같은데.'

프랭크는 가슴이 두근거렸다.

마침내 두 사람은 결혼하였다. 프랭크는 스칼렛이 졸라대자, 할 수 없다는 듯 3백 달러의 거금을 그녀에게 주었다.

스칼렛은 그 돈을 마미에게 건네주고 곧 타라로 돌려보냈다. 간신히 타라는 위기를 모면할 수 있었다.

그러나 스칼렛은 동생의 애인을 빼앗은 지금, 프랭크 부인으로서 사람들을 대할 용기가 차마 나지 않았다. 그녀는 마음에도 없는 사랑을 속삭이고, 돈을 위해서 남자를 속인 것이다.

'그러나 이 모든 것이 가족들을 생각하고, 집안의 몰락을 구하기 위하여 한 짓이야. 나로서는 별다른 방법이 없었어.'

스칼렛은 이렇게 스스로를 위로하였다. 스웰렌과 프랭크의 관계를 알고 있는 애틀랜타의 사람들은 스칼렛의 결혼을 비난하였다. 메리웨더 부인은 도리에 어긋난 행동을 한 스칼렛을 몹시 나무랐다.

그러나 타라를 구한 지금, 스칼렛은 어떤 욕설이라도 달게 받을 각오가 되어 있었다.

결혼한 다음 날, 스칼렛은 상점을 저당잡히고 제재소를 사는 것이 어떻겠느냐고 프랭크에게 의사를 물어 보았으나, 프랭크는 당신의 사랑스러운 머리를 장사 일로 괴롭힐 수는 없다고 웃으면서 묵살하였다. 그러나 스칼렛의 머리는 숫자에 밝았다.

결혼한 지 두 주일이 지나자 프랭크는 유행성 감기에 걸렸다. 그는 폐렴이 악화되어 두 달 동안 병원에서 치료를 받게 되었다.

스칼렛은 프랭크가 입원하고 있는 동안, 대신 상점 일을 맡아 하였다. 점원 아이를 데리고 장부 조사며 상품 매매를 하는 한편, 프랭크가 못 받고 있던 외상값까지 차곡차곡 받아들였다.

여자란 남편을 위해 집안 일이나 하고, 장사 따위에는 관심도 없는 것이 미덕이라고 여겨 왔던 당시의 풍속으로 볼 때, 스칼렛의 행동은 일종의 반역이었다. 프랭크는 당황하고 번민하였지만, 이미 어쩔 수 없는 일이었다.

어느 날, 스칼렛이 파이브 포인트 광장의 상점에 앉아 장부 정리를 하고 있는데, 감옥에서 나온 레트가 찾아왔다.

"친애하는 프랭크 부인!"

레트는 큰 소리로 인사를 하면서 유쾌한 듯이 상점 안으로 들어섰다. 스칼렛은 이 건장한 사나이를 보자, 귀신이 아닌가 하고 깜짝 놀랐다. 이윽고 제정신을 차리자, 스칼렛은 매섭게 레트를 쏘아보았다.

"여긴 뭣 하러 왔어요? 빨리 나가 주세요!"

"여전하시군! 이제 그만 휴전 조약을 맺읍시다. 그런데 당신은 참으로 성급했더군. 내가 나올 때까지 기다리고 있었더라면, 귀여운 당신은 고물 장수의 마누라가 안 되고도 잘 살 수 있었는데, 거참!"

"천만의 말씀이에요. 전 당신이 살아서 나온 게 유감인데요."

"거, 미안하게 됐군요. 다른 사람들도 그런 말을 하더군요. 그러나 당신 입으로는 큰소리를 못 칠 텐데…… 돈을 위해서는 뭐라도 팔겠다고 하지 않았소? 그 말은 굉장한 말이거든."

레트는 빙글빙글 웃으면서 스칼렛 옆에 와 앉았다.

'내가 필요에 의해서 프랭크와 결혼한 줄 아세요?'

스칼렛은 이렇게 쏘아 주고 싶었으나, 레트를 상대해 봤자 본전도 못 찾을 것이라는 걸 알고는 슬쩍 화제를 돌렸다.

"그래서 지금은 뭘 하시나요? 당신 같은 사람을 왜 감옥에서 놓아 주었을까요?"

"감옥에서 나오는 것쯤은 예사로운 일이지. 지금 워싱턴 정부의 고관으로 있는 사람이 옛날 친구거든. 나는 이 북부의 열렬한 애국자와 결탁하고, 남부의 주를 위한 무기며 물자를 사 댔단 말이오. 이쯤 되고 보면, 그 친구가 더 다급할 것 아니오? 그래서 그 친구 덕으로 무사히 석방되었소. 하하하!"

"아무튼 당신이 유죄라는 건 틀림없는 사실이에요."

"바로 맞혔소. 끝까지 내가 우겨 댄 덕으로 50만 달러라는 돈을 빼돌린 건 사실이오. 어쨌든 내가 하고 싶은 말은, 당신이 너무 성급했다는 거요."

"50만 달러라고요?"

스칼렛은 가슴이 찡하고 아팠다. 이런 비열한 남자가 50만 달러라는 큰 재산을 가지고 있다니, 말만 들어도 울화가 치밀어 올랐다.

"남부 연방의 돈을 횡령하다니요, 양심이 허락 못할 일이지요!"

"횡령이라니, 천만의 말씀을! 그 돈은 정당하게 내가 번 돈이오. 설령 그 반이 남부 연방의 돈이라고 하여도, 현재 남부 연방이라는 단체는 존재하지 않소. 돌려주고 싶어도 돌려줄 데가 없다는 말이오."

"남부 사람들은 지금 말할 수 없는 곤경에 빠져 있어요. 적어도 그 가족들에게 돌려줄 수 있잖아요!"

"스칼렛! 좀더 솔직히 말하시오. 남부 사람의 가족보다도 당신의 두 손이 그 돈을 만지고 싶어 더욱 근질거리는 게 아니오? 심심풀이로 어디 당신의 살림살이 하소연이나 들어볼까요? 타라의 문턱에는 아직도 이리 떼가 우글거리고 있소?"

화살은 과녁을 뚫었으나 레트의 말씨는 많이 부드러워졌다. 스칼렛은 저도 모르게 미소를 지었다.

"네, 이리 떼는 물리쳤지만……. 프랭크의 외상값을 제대로 받지 못해서 걱정이에요."

"그 돈이 모일 때까지는 생활이 만족스럽지 못하다는 말씀이군!"

"네, 당장 돈이 필요해요."

제재소 일을 생각하자, 스칼렛의 눈은 갑자기 광채를 띠었다.

'맞아, 레트에게 돈을 빌릴 수 있다면……. 빌릴 수 있을 거야.'

스칼렛은 이렇게 생각하였다.

"그 돈은 어디에다 쓸 거요? 설마 애슐리에게 갖다 바치려는 건 아니겠지! 그렇다면 나도 생각 좀 해 봐야겠는걸?"

"애슐리는 내게서 한 푼도 받아간 일이 없어요. 그 돈은 제가 쓸 거예요. 제재소 말인데요, 헐값으로 살 수 있을 것 같아요."

"제재소? 그거 좋은 생각인데. 그래, 이자는 얼마나 쳐 주겠소?"

"남는 대로, 충분히 드리겠어요."

그리하여 두 사람 사이에는 거래가 오갔고, 레트는 제재소를 사들이는 데 필요한 자금을 제공하였다.

"음모를 꾸밀 때의 당신은 특히 아름다워. 원한다면 열두 마리 당나귀라도 사 드리지."

두 사람은 그 길로 제재소를 보러 나갔다.

패전의 도시 애틀랜타

자기의 아내가 제재소를 경영하게 된 것을 알았을 때, 프랭크는 참을 수 없이 화가 났다. 여자가 마차를 몰고, 공장을 감독하고, 목재를 팔러 다니다니 될 말인가 싶었다.

아내가 시내에서도 평이 나쁜 석공 감독 조니 갤리거라는 사나이와 거래를 하고, 난폭한 아일랜드의 석공들을 상대한다는 소문을 들을 때마다 프랭크는 아찔하였다.

그런 아내를 내버려 두는 자신을 못난 남편이라고 사람들이 비난 할 것을 생각하니 그는 사람들을 대하는 것조차 괴롭고 싫었다.

제재소에서 번 돈은 타라로 송금되었고, 스칼렛은 타라를 저당 잡혀 돈놀이를 하여 더 많은 돈을 벌 생각을 하였다. 남부 사람이 싫어하는 북부 사람들을 상대로 스칼렛은 늠름하게 거래를 하였다.

프랭크가 조금이라도 충고 비슷한 말을 하면, 그녀는 순식간에 험상 궂은 표범처럼 사나워졌다. 프랭크에게는 아내를 누를 만한 기력이 조금도 남아 있지 않았다.

이 무렵 고향에서 불행한 소식이 들려왔다. 아버지 제럴드가 변사했다는 소식이었다.

제럴드의 비참한 죽음은 동생 스웰렌 탓이었다. 프랭크를 언니에게 빼앗긴 뒤부터 스웰렌은 모든 희망을 잃고 자신의 화려했던 날들을 그리워하며 지냈다.

스웰렌은 조나스 윌커슨 일당의 유혹을 받았다. 그것은 바로 남부 사람이라도 북부 정부에 충성을 맹세하면 전쟁에서 입은 피해를 배상 받을 수 있다는 것이었다.

제럴드가 이 고장 출생이 아닌 것과, 전쟁에 한 번도 참가하지 않은 것, 군대에 나간 아들이 없다는 것, 그리고 남부 정부의 관직에 앉은 적이 없다는 것 등을 조건으로 내걸고 북부 정부에 맹세를 하면, 15만 달러의 배상금을 탈 수 있다는 것이었다.

아버지가 더 이상 헌옷을 안 입을 수도 있고, 힘든 농사일을 하지 않아도 된다고 생각한 스웰렌은 허영의 함정에 빠지고 말았다. 그들은 제럴드에게 선서하게 하고, 선서문에 서명하라고 하였다.

그 때서야 비로소 제정신을 차린 제럴드는 모든 사실을 알게 되었다. 한번 노기가 폭발한 제럴드는 사람들이 말리고 타일러도 듣지 않았다. 그는 선서문을 박박 찢어 버리고 나서 황소처럼 바깥으로 뛰어나갔다.

거리의 술집에서 술에 만취한 제럴드는, 남의 말을 허락도 없이 집어 타고 모래바람을 일으키며 달리기 시작하였다.

"자, 엘렌! 내 솜씨를 잘 보라고!"

이렇게 외치면서 목장의 울타리를 뛰어 넘으려던 제럴드는 그대로 말에서 떨어져 죽고 말았다.

아버지의 장례를 지내기 위해 오랜만에 고향집으로 돌아온 스칼렛은 월에게서 대충의 이야기를 들었다.

"망할 것 같으니!"

스칼렛은 누구를 꾸짖는지 모를 말을 내뱉었을 뿐, 스웰렌을 나무라지도 않았다.

아버지의 장례식을 마친 후, 동네 사람들의 미움을 받아 오던 스웰렌은 월의 희생적인 청혼을 받게 되었다. 착실한 농부 월 벤튼을 가족으로 맞아들이게 된 스칼렛은 대단히 기뻐하였다.

타라의 농사일과 스웰렌에 대한 미안함이 한꺼번에 해결되었다. 단지

섭섭한 것은, 애슐리가 농부로서의 무능력을 자각하고 뉴욕으로 가서 은행에 취직한다는 소식이었다. 애슐리는 스칼렛과 윌의 신세를 지고 있는 것을 몹시 괴로워했다.

스칼렛은 멜라니를 통해서 자기가 경영하는 제재소의 지배인으로 애슐리를 채용하겠다고 간청하였다.

멜라니는 친지가 많이 사는 애틀랜타로 돌아갈 수 있다는 사실에 매력을 느껴서인지, 지배인이 되는 것을 싫어하는 애슐리에게 억지다짐을 받듯이 승낙을 받아 냈다.

애틀랜타에 온 애슐리와 멜라니가 피티 고모의 집과 등을 맞댄 조그만 셋집을 얻어 들 즈음, 스칼렛은 임신을 하였다.

당시, 패전의 도시 애틀랜타에 살고 있는 남부 사람들은 도처에서 비참한 꼴을 당하고 살았다. 거리에는 북군의 병사들이 활보하였고, 일확천금을 꿈꾸는 투기꾼들이 북쪽에서 물밀듯이 들어왔다.

남부 원주민들은 모든 권리를 박탈당하고 말았던 것이다. 예를 들면, 명문가인 메리웨더의 자제는 생계를 위해 파이를 팔아야 하였고, 엘싱 댁의 아들은 나무 장사를 해야 할 지경까지 내몰리고 말았다. 남부 사람임에 긍지를 느끼는 사람들은 정부의 압력이 심해질수록 이를 악물고 참았다.

더욱 심각하고 악질적인 것은 흑인 문제였다. 남북전쟁의 기치로 북군이 내세운 노예해방 운동이 북군의 승리와 함께 실시되었다. 흑인에게는 아직 투표권이 주어지지 않았지만, 언젠가는 그 권리도 주어질 거라고 했다.

지난날의 노예들은 기세등등한 모습으로 거리에 넘쳐났고, 그들은 하나같이 남부 사람들을 멸시하였다. 그들은 무지와 횡포로 날뛰며 술을 마셔 댔고, 남부의 백인들을 마구 습격하였다.

다 같은 노예라고는 하지만, 남부에서의 이들 흑인은 집안 일을 하는 흑인과 바깥일을 하는 흑인 두 종류로 나뉘어져 있다. 고용주는 가족적인 온정으로 그들을 보호하였으며, 그들의 결혼과 질병과 장례에 대해서도 친부모처럼 돌봐 주었다.

해방된 흑인들은 백인들의 손에서 벗어나자, 자기 자신의 일과 환자의 간호를 어떻게 해야 좋을지 아무것도 몰랐다.

옛날에는 노인이나 어린아이는 주인들에게 맡겨 두면 그만이었지만, 지금은 어떻게 해야 좋을지 몰랐다. 그들 사이에서는 천연두와 장티푸스와 폐결핵 같은 전염병이 번졌고, 더러운 움막 안에서는 환자가 가득 누워 신음하고 있었다. 그러면서도 해방된 흑인들은 들놀이나 가듯 도시로 흘러 들어왔다.

노예 보호청에서는 정치적인 문제만을 중요시하였다. 정작 그들은 실생활에 있어서 해방된 흑인들을 어떻게 지도하고 보호해야 할지를 생각할 여유가 없었다.

너무나 많은 흑인이 한꺼번에 밀려드는 바람에, 보호청에서도 어쩔 줄 몰라 하였다. 할 수 없이 그들을 옛 주인에게로 돌려보내려 하였으나, 그들은 하루 종일 빈둥대기만 하고 먹을 것이 떨어지면 도둑질하는 것을 예사로 생각하였다.

북부 사람들은 모르는 척하였고, 법률의 보호를 받지 못하는 남부의 백인들만 괴로운 상황이었다. 남부 사람들은 패전의 쓰라림을 뼈아프게 맛보고 있었다.

비가 쏟아지던 4월 어느 날 밤, 타라의 토니 폰텐이 갑자기 스칼렛의 집을 찾아왔다. 그는 그의 누이를 넘보던 흑인을 죽이고 도망쳐 온 것이었다. 토니는 평소에 품고 있던 감정이 폭발해서, 조나스 윌커슨까지 해쳤다고 하였다.

프랭크는 끝까지 이야기를 듣고, 그가 텍사스까지 도망칠 수 있도록 모든 채비를 차려 주었다.

스칼렛도 제압 정치의 고통과 무서움을 느끼게 되었으나, 그래도 돈이 만사를 해결한다는 신조만은 버리지 않았다.

K.K.K.라는 비밀 결사대의 존재는 생각만 해도 무시무시하였다. 설령 이 결사대가 남부 사람에게 유리하다고 하더라도, 북군을 자극하는 결과를 가져오므로 도리어 손해가 클 것 같아 스칼렛은 누구 앞에서나 이 비밀 결사대에 대해 비난을 하였다. 그리고는 더욱 장사에만 열중하였다. 그녀는 돈을 벌면 고향 타라며 애슐리의 가정이며, 모든 일이 잘 될 것이라고 믿고 있었다.

그녀는 아침부터 밤늦게까지 직접 마차를 몰며 배우지 못한 노동자들을 상대로 목재를 매매하였다.

모든 공민권이 박탈되고, 아무런 법적 권한과 구조 방법을 갖지 못한 남부 사람들은 좀처럼 일어나지 못하고 있었다.

옛날에 남부의 모든 주를 지배하던 사람들이 지금은 예전의 노예 이상으로 비참한 곤경에 빠져 있었다.

스칼렛의 희생과 계획이 결실을 맺는 날은 언제일까.

아이비 가에 위치한 애슐리의 집은 여섯 개의 방이 딸린 조그만 집이었다. 가구는 모두 프랭크의 상점에서 헐값으로 샀다. 스칼렛과 프랭크는 고급품을 내놓고 값을 적게 받으려 하였으나 애슐리가 승낙하지 않았다.

이 조그맣고 보잘것없는 집에는 언제나 손님이 모여들었고, 몰락한 남쪽 명문가의 사람들이 매일 밤 이 집에서 모임을 가졌다. 멜라니의 너그러운 성품이, 사람들로 하여금 그의 집에 모여들게 하였다.

가난에 굴하지 않는 굳센 용기, 쾌활함, 친절, 옛 습관에 대한 존경심 등 이러한 장점을 멜라니는 완벽하리만큼 갖추고 있었다.

사람들은 객실에서 음악을 즐기며 남부의 자랑과 희망을 이야기하였다. 언젠가는 미드 박사가 셰익스피어의 〈맥베스〉를 낭독한 다음, 멜라니의 손에 입을 맞추고는 멜라니의 미덕을 찬양하며 '남방의 심장'이라고 칭찬을 하였다.

그러나 멜라니는 어디까지나 겸손해하며, 여러 사람들의 친절에 감사할 뿐이었다.

멜라니는 토요 음악회의 회장으로 추천을 받아 애틀랜타의 네 개의 음악 클럽을 합치는 일에 앞장서서 뛰어다녔다. 그 밖에도 전쟁사망자 묘지미화협회니, 고아를 위한 계몽협회니, 청년독서회 같은 운동을 솔선해서 맡아 보았다.

특히 전쟁사망자 묘지미화협회의 활동을 할 때는, 북군 전쟁 사망자 묘지도 청소하자고 주장하여 다른 부인들의 맹렬한 반대에 부딪히기도 했다. 그러나 그녀는 나라를 사랑하는 마음은 누구나 마찬가지라고 강경하게 주장하여 제안을 통과시키고야 말았다.

아이를 낳은 뒤, 타라에서 힘든 일을 한 멜라니는 건강이 나쁘면서도 남부 부인들의 교양과 취미와 위안을 위해서는 자진해서 많은 일을 하였다.

애슐리 집의 지하실은 집 없는 불쌍한 사람들의 숙박 장소로 사용되었고, 전쟁 중에 가족을 잃은 노인, 간부와 간통한 아내를 죽이고 나서 반평생을 감옥에서 보낸 노인, 험상궂은 칼자국이 난 아치라는 전과자까지도 이 지하실에서 멜라니의 도움을 받으며 살고 있었다.

스칼렛도 남편 프랭크와 함께 멜라니의 집을 방문하였으나, 이러한 사람들과는 사귀고 싶지 않았다. 그녀는 언제나 등불에서 멀리 떨어진 곳에 앉아서, 남몰래 애슐리의 얼굴을 바라보는 것이 유일한 즐거움이었다. 스칼렛에게는 애슐리가 있음으로 해서 이 객실도 의미가 있었던 것이다.

비밀 결사

스칼렛은 딸을 낳았다. 이름은 엘라였다.

남편 프랭크를 닮아서 귀염성이 없는 아이였다. 몸조리를 마치고 스칼렛은 다시 일을 하기 시작하였다.

때마침, 애틀랜타는 미친 듯한 흥분 속에 빠지고 말았다. 폭행을 일삼던 흑인 한 사람이 재판을 받기에 앞서, 감옥에 침입한 K.K.K. 단원의 손에 목이 졸려 숨진 사건이 발생하였다.

북부 병사들은 백인 남자라면 누구를 막론하고 잡아갈 듯한 살기가 돌았다. 부인들이 시장에 갈 때는 5, 6명씩 짝을 지어 가야만 하였다.

그러나 스칼렛은 늠름하게 말을 몰고 혼자서 제재소로 나갔다. 북군과 상인들하고도 예사로 거래를 하였다. 그녀는 이익을 위해서라면 남의 비난 같은 것은 아예 귀담아듣지를 않았다.

스칼렛은 흑인 노동자의 능률이 오르지 않으면 그보다도 더 임금이 싼 죄수를 데려다 일을 시켰고, 북부의 군대에 있던 잔인무도한 조니 갤리거라는 사람을 공장 감독으로 채용하였다.

애슐리는, 갤리거에 비하면 훨씬 능력이 떨어지지만 자유 노동자를 쓰던 때와 같은 방법으로 죄수 노동자들을 우대해 주었다. 뿐만 아니라 아무리 생활을 위한 방편이라고는 하나, 죄수를 고용하는 공장 지배인으로 있다는 것을 도리어 부끄럽게 생각하고 있었다.

애슐리는 점점 더 말수가 적어졌으며, 좀처럼 웃는 일이 없었다. 옛날의 그 부드럽던 표정이라고는 찾아볼 수가 없었다.

　스칼렛은 이처럼 달라진 애슐리를 볼수록 그가 불쌍하고 사랑스러웠다. 가능하다면 그를 가슴에 꼭 껴안고 싶었으나, 무뚝뚝할 정도로 무관심한 애슐리의 태도 앞에서는 감히 다가갈 수조차 없었다.

　죄수를 고용하고 얄미운 갤리거와 단짝이 되어 북군을 상대하는 스칼렛이 남부 사람들에게 비난받는 것은 물론이었다. 남편인 프랭크는 스칼렛으로 인해 죄책감에 사로잡혀 있었다. 그렇다고 해서 함부로 간섭했다가는 도리어 아내를 흥분시킬까 두려워 괴로운 마음으로 지켜보고만 있었다.

　스칼렛은 겉으로는 아무렇지도 않은 듯 혼자서 마차를 몰기도 하며 더욱더 일에 열중하였으나, 남몰래 찾아드는 고독과 슬픔은 어찌할 수가 없었다.

　한편, 여행을 다니다가 가끔 애틀랜타에 나타나는 레트는 여전히 화려한 복장을 하고 돈을 마구 썼으며, 벨 와틀링 술집에서 거의 살다시피 하였다.

눈에 거슬리는 그의 방종한 행동 역시 주위의 비난을 받았다. 그는 간혹 스칼렛을 찾아와서 농담도 아니고 비꼬는 것도 아닌 독설을 마구 퍼부었다. 스칼렛이 화를 내면 재미있다는 듯이 빙글거리며 돌아가곤 하였다.

레트까지도 스칼렛이 혼자 밖에 나다니는 것을 반대하고 충고도 하였으나, 스칼렛에게는 아무런 소용도 없었다.

그러던 어느 추운 겨울날 해질 무렵이었다.

스칼렛은 제재소에서 황급히 마차를 몰고 집으로 향하였다. 산티 타운 마을에는 천막과 널빤지로 지은 흑인들 움막이 다닥다닥 붙어 있는 작은 분지가 있었는데, 애틀랜타 근방에서도 가장 평이 나쁘고 위험한 지역이었다. 심지어는 북부 사람들까지도 조만간 이 지대를 없애려고 계획했던 곳이었다.

스칼렛이 빨리 이 곳을 지나치려고 말에 채찍을 가할 때, 키가 180㎝ 정도 되는 흑인 하나가 팔을 길게 벌리면서 마차를 막아섰다.

"누구야! 비켜!"

스칼렛은 저도 모르게 외마디 비명을 질렀다. 순간, 흑인은 야비한 웃음을 지으면서 그녀의 손목을 잡아 비튼 뒤, 셔츠를 찢었다.

스칼렛이 가위눌린 사람처럼 소리 지르자, 언제 어디서 나타났는지 흑인 한 사람이 그 괴한을 때려눕혔다. 괴한은 곧 도망을 쳤다.

"스칼렛 아씨! 접니다, 빅 샘입니다."

"아아, 샘! 고마워!"

스칼렛은 옛날 오하라 집안의 우두머리 노예였던 샘을 마차에 태우고 힘껏 마차를 몰았다.

그날 밤, 스칼렛은 오한이 나고 열이 떨어지지를 않았다. 그녀는 끙끙 앓으며 자리에 누워 있어야만 했다. 프랭크는 역시 정치 연구회가 있다고 하면서 애슐리와 함께 밖으로 나갔다.

스칼렛은 그날 밤, 새삼스레 혼자 있는 것이 쓸쓸하였다. 프랭크가 나가면서 기분이 좋아지면 멜라니한테 가 있으라고 한 말을 떠올리고 멜라니의 집으로 갔다.

객실에는 멜라니와 피티 고모와 애슐리의 누이동생인 인디어가 있었고, 전과자인 아치는 역시 사나운 사냥개처럼 난로 옆에 쪼그리고 앉아서 방 안의 여자들을 지키고 있는 것 같았다. 바깥에서는 바람이 심하게 불고, 방 안의 공기 역시 우울하였다.

멜라니 혼자 부인 하프 연주단 이야기를 꺼내며, 침묵에 잠긴 분위기를 바꾸려고 애쓰고 있었다.

스칼렛이 입을 열었다.

"오늘밤은 어떻게 된 거예요? 인디어는 아까부터 내 얼굴을 힐끔힐끔 쳐다보고만 있는데, 무슨 일이 있나요?"

확실히 무슨 일인가 일어난 것만은 틀림없었다. 멜라니와 인디어, 아치 세 사람은 무언가를 숨기고 있는 것 같았다.

"쳐다볼 만하니까 보는 거죠. 당신이 보란 듯이 거리를 싸다니니까 오늘 같은 사건이 일어난 거 아니에요? 당연한 일이지 뭐. 더 욕을 봤어야 하는데……."

인디어는 미움에 가득 찬 눈초리로 스칼렛에게 야유를 보냈다.

"어머, 인디어! 그게 무슨 말이에요? 인디어는 아무것도 모르고 하는 말이야. 제발 가만히 있어요."

멜라니는 당황한 모습으로 시누이를 꾸짖었다.

"아니에요. 나는 말해야겠어요. 스칼렛, 이제 조금은 품위라는 것을 가져 보는 게 어때요? 당신이 마치 습격해 달라는 듯이 숲 속을 돌아 다니니까, 조심스러운 다른 부인들까지 덩달아서 욕을 먹는 거예요. 그뿐인가. 남자들 목숨까지 궁지에 몰아넣고……. 아아, 지금쯤 그 분들은……."

멜라니는 어쩔 줄을 모르고 인디어를 달랬다. 피티 고모까지 입술을 떨면서 꾸지람을 하였다. 그러나 스칼렛은 조금도 기죽지 않았다.

그 때였다.

아치가 나직이 말하자, 여자들은 모두 일어선 채 갑자기 조용해졌다.

"레트요, 문을 여시오."

멜라니가 문을 열자, 검정 소프트 모자를 깊숙이 눌러 쓴 레트가 바람처럼 뛰어 들어왔다.

"애슐리와 프랭크 씨는 어디로 갔소? 빨리 말해요. 생사가 걸린 중대한 문제니까."

"언니, 가르쳐 주면 안 돼요."

인디어가 창백한 얼굴로 멜라니를 말렸다.

"이 사람은 스파이예요. 배신자라고요!"

"그렇소. 이런 배신자에게는 한 마디도 말해서는 안 되지. 빨리 나가 없어져!"

아치까지 험악한 얼굴로 소리를 질렀다.

레트의 시꺼먼 얼굴에 초조한 표정이 번득 스쳤다.

"윌크스 부인, 빨리 말해 줘요. 저 사람들은 벌써부터 감시를 받고 있었소. 나는 오늘 밤, 북군 장교와 포커를 하고 있었소. 놈의 입을 통해 모든 걸 알아냈단 말이오. 저 사람들은 오늘 밤, 마치 함정을 파놓은 곳으로 걸어가는 짐승과 같이 되었소. 우물쭈물하다가는 모두 다치고 말 것이오."

"알았어요, 가르쳐 드리겠어요."

멜라니는 새파랗게 질려서 더듬더듬 말하였다.

"저 산티 타운 옆에 있는 굴 속에서 회합을 하고 있어요."

"고맙소, 빨리 가면 구할 수는 있겠지!"

레트는 말을 마치자, 날쌔게 뛰어나가 폭풍이 윙윙대는 어둠 속으로 말에 채찍질을 하며 사라졌다.

남은 사람들은 불안과 공포에 질린 눈을 두리번거리면서 숨을 죽이고 있었다. 참다 못한 스칼렛이 멜라니를 잡아 흔들었다.

"어떻게 된 거예요? 애슐리와 프랭크가 위험하다니, 도대체 무슨 일이에요?"

"K. K. K단!"

멜라니는 이 한 마디를 던지고는 눈을 감아 버렸다.

이날 밤, 남편 프랭크와 애슐리, 미드 박사, 헨리 백부가 한 조직이 되어 오늘 스칼렛에게 폭행을 가한 흑인을 습격하기로 되어 있었고, 이 사실을 탐지한 북군이 일동을 체포하기 위해 출동했다는 것이다. 스칼렛은 그 사람들의 목숨을 생각하니 온몸의 피가 한꺼번에 얼어붙는 것 같았다.

"당신을 놀라게 할까 봐 오늘까지 숨겨 왔어요."

멜라니가 가라앉는 목소리로 말하였다.

"아니, 그 분들은 정치적 모임이라고 속이고 그런 곳에 가 있었군요. 이런 일이 탄로나면 상점, 공장, 아무것도 남지 않아요. 내가 가서 조사해 봐야지."

스칼렛이 일어났을 때, 말발굽 소리가 요란하게 들려오고 북군 일대가 방 안으로 뛰어 들어왔다. 그 중의 한 사람은 스칼렛과 안면이 있는 장교였다.

"오오, 프랭크 부인! 윌크스 부인은 어느 분이시지요?"

"제가 윌크스의 아내입니다."

"윌크스 씨와 프랭크 씨를 뵙고 싶은데요."

"두 분은 지금 여기 계시지 않아요."

"그게 정말입니까? 그렇다면 돌아올 때까지 여기서 기다리겠습니다."

그 장교는 가볍게 고개를 숙인 뒤, 부하들에게 방문과 창을 지키라고 명령하고 의자에 앉았다.

멜라니는 책상 위에 있던 〈장발장〉을 집어들고 침착하게 읽기 시작하였다. 피티 고모와 스칼렛과 인디어는 멜라니의 낭독 소리의 보호를 받으면서 뜨개질을 하는 척 주저앉았다.

'나 하나 때문에 그 분들이……. 애슐리까지 북군의 함정에 빠져 버렸어.'

이렇게 생각하며 스칼렛은 부끄러움과 슬픔과 후회에 온몸이 타는 것 같았다. 그런데도 멜라니는 냉정하게 장발장을 읽고 있었다.

스칼렛은 새삼스럽게 멜라니의 깊이를 알 수 없는 굳센 의지에 탄복하였다. 스칼렛은 멜라니의 부드러운 낭독 소리가 아니었던들, 소리를 지르고 싶을 정도로 초조해 있었던 것이다.

그 때 레트의 명랑한 노랫소리가 바람 소리를 타고 멀리서 들려왔다. 이윽고 술 취한 사람들의 비틀거리는 발소리가 점점 가까워졌다.

"저 두 놈을 체포해!"

장교가 소리쳤다. 그 때 아치가 날쌔게 권총을 빼들었다.

"가만 있어요."

멜라니가 침착한 목소리로 말하였다.

"내게 맡겨 두세요."

멜라니의 표정은 엄숙하리만큼 긴장되어 있었다. 스칼렛은 꼼짝도 하지 못하고 멜라니의 놀라운 변화를 바라보고만 있었다. 멜라니는 레트를 보고 소리쳤다.

"레트 씨, 오늘밤도 또 이렇게 우리 주인께 술을 권했군요."

문 쪽을 보니 애슐리와 휴 엘싱이 레트의 어깨를 잡고 비틀비틀 서 있었다.

"멜라니, 나는 취하지 않았어."

이렇게 말하고 애슐리는 그대로 마룻바닥에 쓰러져 버렸다. 그러자 멜라니는 사나운 암캐처럼 애슐리에게 욕설을 퍼붓고, 레트에게 빨리 돌아가라고 고래고래 고함을 질렀다.

"애슐리와 휴 엘싱을 체포해!"

장교가 명령하였다.

"뭐, 체포? 농담 말게, 톰. 술 취한 놈들을 체포해 가다가는 한도 없네. 아직도 이 사람들은 덜 취했는데, 하하하하!"

레트는 장교에게 주정을 하면서 비틀비틀 항의를 하였다.

"술이 취했든 말든 상관없어. 이놈들은 오늘 밤, 백인 한 사람과 흑인 한 사람을 죽인 K.K.K단의 일당이야!"

"허, 놀랐는데! 밤새 내가 이 녀석들하고 술을 마셨는데."

"뭐, 같이 술을 마셨다고? 대관절 어디서 마셨다는 말인가?"

"아무리 자네와는 술친구지만……. 톰 장교님, 그것만은 말할 수가 없는데."

레트는 히죽 웃으면서, 이상한 표정으로 멜라니의 얼굴을 쳐다보았다.

"말씀하세요. 저는 들을 권리가 있어요. 도대체 어디서 이렇게들 많이 마셨나요?"

멜라니는 잔소리를 늘어놓았다.

"사실은……. 저, 벨 와틀링의 술집에서……."

레트는 말하기가 거북하다는 듯이 말끝을 흐렸다.

"휴 엘싱, 프랭크, 미드 박사님, 그리고……. 하여튼 여러분들과 함께 연회를 열었죠. 샴페인과 여자……."

"뭐가 어째요? 벨의 집이라니! 아아, 더러워."

멜라니는 이렇게 외치면서, 정신을 잃고 그 자리에 쓰러지고 말았다. 아치가 당황해서 멜라니를 안아 일으키고, 인디어는 물을 가지러 뛰어 갔다.

휴 엘싱은,

"너 때문에 이런 꼴을 당하는 거야!"

하며 레트에게 달려들었고, 수습 못할 소동이 벌어졌다.

장교는 레트의 술친구였으므로,

"자네가 책임을 진다면, 내일 이 두 사람을 헌병 사령부로 출두시켜 주게."

하고 아쉬운 듯 돌아가 버렸다.

문이 닫히고 그들이 떠나자마자, 레트는 급히 의자 뒤에 쓰러져 있던 애슐리를 안아 일으켰다. 애슐리가 쓰러져 있던 자리에는 시뻘건 피가 고여 있었다. 그제서야 스칼렛은 모든 것을 이해하였다.

레트가 연출한 연극이 완전히 성공했던 것이다. 멜라니는 이제 방금 기절했던 여자답지 않게 피에 젖은 애슐리의 조끼를 벗겨서, 상처 난 곳을 소독하고 약을 바르는 등 재빠르게 움직였다.

"이봐, 아치."

레트는 아치를 부르고 안주머니에서 두 자루의 권총을 꺼내어 그에게 주었다.

"지금 당장 사리반 굴 속에 있는 시체 둘을 벨의 집 뒤까지 운반하게.

그 다음, 양쪽에서 두 방씩 쏘란 말이야. 내 말 알아들었지? 두 사람이 서로 결투한 것처럼 보이도록 하란 말이야. 잘 부탁하네."

아치는 고개를 끄덕이고 바로 나갔다.

그날 밤 레트는 일행을 산티 타운의 회합 장소에서 끌어내어, 벨의 술집으로 데려가서 벨에게 사정 이야기를 털어놓고 초저녁부터 술을 먹은 것처럼 만들었던 것이다. 그리고 취한 나머지 여자 문제로 싸움이 벌어져 총질을 한 것같이 연극을 꾸몄던 것이다.

"레트 씨, 뭐라고 사과의 말씀을 드려야 할지 모르겠어요. 오늘 밤, 당신은 제 친오빠 같아요."

"고맙소, 멜라니! 그런데 부인도 연기를 아주 잘했어요. 하여간 정말 위태위태했소."

레트는 점잖게 말하였다.

"그런데 미드 박사님이 주정을 통 못하시는 바람에 난처하였소. 메리웨더 노인과 헨리 백부님의 연기는 아주 멋들어졌습니다만."

"저, 프랭크도 벨 집에 있었나요?"

스칼렛이 물었다.

"아니오."

레트는 냉정하게 대답하였다.

"프랭크 씨는 흑인을 습격했을 때 이미 총에 맞았소. 지금쯤 아마 그의 시신을 아치가 벨 집 뒤로 옮기고 있을 것이오."

다음 날, 헌병 사령부에 호출된 벨 와틀링은 장교를 만나자마자 넋두리를 시작하였다. 애슐리와 휴도 그럴듯하게 진술을 하였고, 그 밖에 주목을 받은 단원들도 레트가 시킨 대로 진술한 결과, 증거 불충분으로 일행은 모두 석방되었다.

그 중에서도 벨 와틀링의 진술은 대성공이었다. 벨은 담당 취조관을 붙들고 주정뱅이 신사들의 싸움 때문에 가게가 형편없이 파괴되었다는 것과, 값비싼 거울이 산산이 부서진 것과, 민주당원이니 뭐니 하지만 일당은 자기 집의 단골 손님이라는 것과, 여자를 서로 차지하려다가 난투극이 벌어진 것과, 따라서 오늘은 문을 닫고 휴업까지 해야 된다는 것 등을 넋두리처럼 울부짖으면서 가장 효과적인 연기를 했던 것이다.

벨은 그 뒤 멜라니를 찾아와서, 전쟁이 한창이었을 때 아무도 자기를 상대해 주지 않는데도 불구하고 멜라니만이 헌납금의 수속 절차를 밟아 준 것에 대한 조그만 보답이라고 귓속말을 하고 돌아갔다.

K.K.K단의 단원들은 겨우 목숨을 건지기는 하였지만, 자기들을 구출해 준 은인이 봉쇄망을 뚫고 투기를 하던 비열한 레트와 술집 여자인 벨 와틀링이라는 것을 생각하면 입맛이 떨어졌다. 더욱이 사건의 전말이 술집에서 술에 만취되어 여자 문제로 추태를 부린 것으로 알려졌으니 체면이 이만저만이 아니었다.

북군들이,

"그게 남부가 자랑하는 기사도니 신사도니 하는 거요?"

하고 비웃어도, 사건의 진상을 밝힐 수가 없어서 딱할 지경이었고, 북군 부인들은 뱃가죽이 아프도록 이번 사건을 보고 웃어 댔다.

그러나 스칼렛만은 북군 부인들의 동정을 받을 수가 있었다. 그녀가 애틀랜타에서 처음으로 자기들에게 호의를 보여 준 숙녀이며, 더욱이 지금은 두 번씩이나 남편을 잃은 불쌍한 과부라고 해서 일방적으로 표시하는 친절과 동정이었다.

"마치 함정에 빠진 짐승같이 되고 말았어."

애틀랜타에서 가장 점잖은 신사로 대우를 받는 미드 박사는 불쾌하기 짝이 없었다.

"이번 사건은 레트가 우리를 놀려 주려고 일부러 꾸민 연극인지도 몰

라요. 그 사나이는 옛날 일에 대한 보복으로, 이번 일을 꾸몄을 거예
요.”

미드 부인은 레트의 호의를 의심하였다. 지독한 후회가 스칼렛의 가
슴을 짓밟았고, 난생 처음 자기가 한 일에 대해 마음속 깊이 후회하고
있었다.

프랭크의 목숨을 직접 빼앗은 것은 아니라고 해도 자기가 죽인 거나
마찬가지였다.

관 속에 말없이 누워 있는 죽은 남편의 얼굴을 보았을 때,

'너무나도 슬픈 표정이군! 아아, 나는 사랑하지도 않는 남자와 결혼
을 하였고, 마침내는 그의 목숨까지 빼앗고 말았어!'

하는 생각이 자꾸 떠올라서 두려움을 견디기 어려웠다.

남편에게 잘해 주지 못한 것이며, 여러 가지 지나간 일들이 주마등처
럼 스쳐 지나갔다.

스칼렛은 슬픔과 뉘우침에 한없이 울었다.

'이럴 때에 멜라니가 옆에 있어 주었으면……'

스칼렛은 이런 생각이 간절하였으나, 멜라니는 자기 집에서 애슐리를
간호하고 있었다.

“모두 잊어버리자!”

그러고 나서 스칼렛은 한 잔, 또 한 잔 술을 마셨다.

세 번째 결혼

무겁게 현관문을 두드리는 소리가 고요한 집안 공기를 잡아 흔들었
다. 아래층에서 피티 고모가 인사하는 소리가 들렸다.

'문상 온 손님일까?'

스칼렛은 복도로 나갔다.

"밤늦게 찾아와서 죄송합니다."

레트였다. 그는 이상할 정도로 점잖게 말하였다.

"잠깐 거래에 대해 물어 볼 것이 있어 왔는데, 객실에서 이야기 좀 할수 있을까요?"

"서재로 들어오세요."

스칼렛이 레트를 맞아들이는 것을 보고 피티 고모는 아니꼽다는 표정을 지었으나, 그대로 아무 말 없이 이층으로 올라가고 말았다.

"대단히 취하셨군!"

레트가 갑자기 건방진 태도로 스칼렛을 아래위로 훑어보았다.

"조문을 받아야 하는 미망인께서 술에 취해 계시다니 놀랍습니다."

"미망인은 취해서 안 된다는 법이 어디 있나요? 쓸데없는 걱정은 마세요."

"좋습니다, 스칼렛. 그런데 나는 대여섯 달 동안 영국을 좀 다녀와야겠소. 그래서 오늘밤은 작별인사도 할 겸, 당신이 좋아할 만한 소식도전할 겸 해서 이렇게 왔소."

"소식이라뇨? 그게 뭐죠?"

"그것은, 스칼렛!"

레트는 스칼렛의 손을 덥석 잡았다.

"내가 당신과 결혼한다는 사실이오."

"뭐예요? 이런 때에 그런 말을 하다니! 당신이 조금이라도 예의를 아는 사람이라면……."

"이야기의 요점만 알아들으시오. 나는 진정으로 당신에게 청혼하는것이오."

"지금 농담하시는 거죠?"

"당신은 아직도 나를 의심하고 있소? 나는 내일 떠나면 당분간 애틀랜타에 돌아올 수 없게 되오. 그래서 말인데……. 내가 없는 동안에 또 돈에 팔려서 결혼하지 않는다고 누가 장담할 수 있겠소! 청혼을 미루고 마냥 차례만 기다리다가는, 평생 바보처럼 멍청히 보내게 될 것 같아 그러오."

"저는…… 저는 이제 다시는 결혼 안 할 거예요."

"내가 하도록 해 주겠소!"

레트는 스칼렛을 힘껏 껴안았다. 스칼렛은 도저히 저항할 수 없었다.

"나와 결혼하겠다고 약속하시오!"

레트의 눈이 가까이 다가왔다.

"네, 하겠어요."

스칼렛은 의지를 잃은 사람처럼 대답하고 말았다.

"스칼렛, 무엇을 선물로 사 올까?"

"다이아몬드 반지! 매우 큰 걸로."

레트가 애틀랜타로 돌아와서, 스칼렛의 손가락에 커다란 다이아몬드 반지를 끼워 주었을 때까지 아무도 그들의 약혼 사실을 몰랐다.

약혼 발표, 이어서 결혼식.

이 전격적인 행동은 당연히 많은 사람들의 구설수에 올랐다.

애틀랜타의 여류 사업가이며 모든 나쁜 의미의 대명사인 스칼렛과, 남부가 심혈을 기울인 전쟁을 통하여 거액의 재산을 모은 더러운 매국노인 레트와의 결혼은 추악한 인물들이 막다른 데까지 오고야 말았다는 것을 시민들에게 느끼게 한 사건이었다. 그러나 정작 본인들은 전혀 개의치 않았다.

레트는 오랫동안 그리워하던 여성과 결혼한 것에 만족해했고, 스칼렛 역시 돈과 힘을 가진 남편을 얻었다는 의미에서 만족하였다. 두 사람은 뉴올리언스로 신혼여행을 떠났다. 뉴올리언스는 미시시피 강 어귀에 있는 열대에 가까운 고장이어서 대단히 매력적인 곳이었다.

시가지에는 북부 이주민들이 가득 차 있었고, 패전국의 황폐한 흔적이라곤 찾아 볼 수조차 없었다. 그 곳에서는 흑인이 주지사 대리의 직책을 맡아 보고 있었다.

거리에는 자유스럽고, 화려하고, 유쾌한 사람들이 넘쳐났다. 그들은 불경기에 대한 이야기 대신 스칼렛에게 찬사를 퍼부었으며, 그녀에게 춤을 청하기도 하였다. 스칼렛은 전쟁 전에 맛보았던 즐거움을, 비로소 다시 한 번 느껴 보았다.

레트는 손수 스칼렛의 옷, 유행하는 모자와 신발, 심지어는 잠옷까지도 골라서 사다 주었다. 빈틈없이 호사스럽게 단장한 스칼렛은 넘쳐흐르던 옛날의 매력을 되찾았다.

내일을 걱정할 필요도 없었고, 험담 좋아하는 사람들의 눈총을 두려워할 일도 없었으며, 마음에 드는 사람들과 종일 즐겁게 놀 수 있었다. 정말 꿈 같은 날들이었다.

스칼렛은 지금까지의 결혼 생활에서는 상상도 할 수 없었던 이상한 즐거움을 레트에게서 맛보았다.

그러나 그녀는 가끔,

'이 사나이가 애슐리였더라면…….'

하고 환상에 사로잡힐 때가 있었다.

그녀는 또 과거에 고생하던 시절의 일이 가끔 악몽으로 나타나기도 하여, 소스라쳐 잠에서 깨어난 적도 있었다. 지난날의 기억으로 흐느껴 우는 스칼렛을 레트는 어린아이 달래듯 위로해 주었다. 그럴 때면 스칼렛의 불안과 슬픔은 씻은 듯이 사라졌다.

교만한 스칼렛

두 사람은 신혼여행을 마치고 애틀랜타로 돌아왔다. 그리고 새 집을 지을 때까지 시내에서 제일가는 내셔널 호텔에 방을 얻어 살기로 하였다.

새 집은 스칼렛이 뉴올리언스에 있을 때, 스위스의 목장을 보고 설계한 호화로운 저택이었으며, 벽의 색깔이며 가구 선택까지 모든 것을 스칼렛이 맡아서 하였다. 스칼렛은 이 집이 완성되면 파티를 열어 애틀랜타 시민들을 모두 초대할 계획이었다. 그녀는 옛날에 자기 마음을 쓰라리게 했던 사람들에게 무언가 보여 주고 싶었다.

"그렇게는 안 될 거요. 우리의 연회에 누가 온단 말이오? 남부의 대장부는 목숨은 버려도 항복은 안 하는 법이오."

레트는 스칼렛의 제안을 비웃었다.

"돈만 있으면 누구라도 좋아해요."

"아니, 남부 사람들만은 그렇지 않소. 그들이 투기를 한다는 것은, 낙타가 바늘구멍을 빠져 나가는 것보다도 어려운 일이오. 그들이 우리에게 침을 뱉지 않는 것만도 다행이오. 스칼렛, 한 가지 말해 둘 것이 있소. 나는 당신의 사치나 타라를 위해서는 얼마든지 돈을 쓰겠지만, 그놈의 나무 공장에는 이제 단 1센트도 투자하지 않을 작정이오."

"아니, 그게 무슨 말씀이세요?"

"애슐리 윌크스를 봉양할 마음이 티끌만큼도 없다는 뜻이오."

"또 그 얘기예요?"

"다시 말하지만, 애슐리에 관한 한 나는 결코 당신의 자유를 인정하지 않겠소. 말고삐를 늦출 때는 늦추어도, 동시에 잡아당길 수도 있고, 또 박차를 가해 찰 수도 있다는 것을 잊지 마시오. 알아들었소?"

'레트는 질투를 하고 있어. 그만큼 나를 사랑하고 있다는 거야.'

이렇게 생각한 스칼렛은 도리어 만족감을 느꼈다.

애슐리를 돕는 것은 레트의 힘을 빌리지 않아도 충분하였다. 스칼렛 자신의 노력으로도 얼마든지 그를 도와줄 수 있었다.

'흥, 쓸데없는 걱정!'

스칼렛은 레트 몰래 방긋 웃었다.

그러나 스칼렛은 돈과 권력을 얻어 무엇 하나 부족한 것이 없었으나, 그녀의 힘으로도 막아 낼 수 없는 것이 있었다. 그것은 애틀랜타의 시민, 곧 레트가 말하는 남부 사람들의 모멸과 빈정거림이었다. 더욱이 여인들의 경멸과 조소는 정도가 한층 더 심해졌다. 엘싱 부인과 메리웨더 부인을 비롯하여 애슐리의 누이까지도 스칼렛을 만나지 않겠다고 선언하였다. 오직 레트 덕분에 목숨을 구한 사람들만이 어쩔 수 없이 그들을 방문하였으나, 그것마저도 단 한 번으로 그쳤다.

레트 부부가 호화스러운 생활을 하면 할수록 그들은 레트 부부를 경멸하였다. 그런 중에도 그들 부부를 찾아오는 사람은 오직 멜라니뿐이었다. 멜라니는 남들이 스칼렛을 경멸하면 이렇게 말하였다.

"언니는 내게 우리 친형제보다도 더 가깝고 고마운 사람이에요. 애틀랜타가 포위당했을 때에 나를 돌봐 주었고, 타라로 달아났을 때와, 타라에서 애틀랜타로 돌아온 뒤에도 계속해서 우리를 도와준 사람이에요. 레트 씨도 마찬가지예요. 그 분은 애슐리의 목숨을 구해 주셨지요. 우리는 언니네 부부에게 무릎을 꿇고 감사를 드려도 부족할 정도예요."

이리하여 말 많은 부인들도 멜라니 앞에서는 차마 레트 부부의 욕을 하지 못하였다. 그러나 그들의 마음속에는 여전히 들끓는 분노의 불꽃이 타오르고 있었다.

사실 스칼렛의 주위에 모여드는 사람들은 북부에서 흘러 들어 와서 같은 호텔에 투숙하는 전쟁 모리배거나 투기꾼 등 이익을 노리는 자들뿐이었다. 이들은 노예 보호청과 결탁하여 흑인의 피를 빨아먹으며 돈을 번 자, 도박장과 술집을 경영하다가 전쟁통에 단단히 한몫 본 자 등 체면과 수치를 모르는 사람들이었다.

레트는 스칼렛의 주위에 모여드는 사람들을 경멸하고 있었다.

남부인의 강인하고 끈기 있는 기질을 꿰뚫어 보고 있는 그는 언젠가는 반드시 그들이 부활한다고 장담하였고, 민주당이 새로 일어선다는 것도 예언하였다.

속되고 야비한 벼락부자들의 돈이 언제까지나 남아 있을 것인가를 터놓고 이야기하기도 하였다.

그는 애틀랜타 사람들을 대했던 것처럼, 이 사람들에게도 환심을 산다든가, 비위를 맞춘다든가 하는 것은 조금도 생각하고 있지 않았다.

그는 고집스럽고 거만하였으며, 좀처럼 허리를 굽히지 않았지만, 이상하게도 마미에게는 늘 친절하고 예의 바른 태도로 대해 주었다.

이 바윗돌 같은 흑인 할멈이 아무리 무뚝뚝하게 굴어도 레트는 그녀를 아무 거리낌 없이 대할 뿐만 아니라, 웨이드나 엘라를 데리고 나갈 때는 반드시 마미의 허락을 받기까지 하였다.

레트는 아이들을 무척 귀여워하였다. 외출에서 돌아올 때는 잊지 않고 아이들의 장난감을 사왔고, 집에 있을 때는 웨이드를 안고 이야기를 들려주며 함께 놀았다. 웨이드는 어머니인 스칼렛보다 레트를 더 좋아하는 것 같았다.

이윽고 굉장히 크고 아름다운 저택이 완성되었다. 이 집은 피치트리가의 어느 저택보다도 훌륭하였다. 집 바깥쪽은 사방으로 돌층계가 만들어졌으며, 푸른 정원 여기저기에는 벤치가 놓여 있었다.

붉은 벽돌로 이루어진 담과 발코니, 햇빛에 비치는 색유리창의 아름다움에 있어서도 다른 저택과는 비교도 안 될 정도였다.

스칼렛은 아는 사람 모두에게 초대장을 보냈다.

그날 밤, 천박하고 속된 벼락부자들 외에 스칼렛의 초대에 응해 온 손님들은, 애슐리 부부와 헨리 백부, 피티 고모, 미드 박사 부부, 그리고 메리웨더 노인을 제외하고는 아무도 없었다.

이들도 레트에게 입은 은혜에 감사를 표하는 뜻과, 멜라니의 체면을 생각하여 억지로 참석하였음에 지나지 않았다.

이들은 브럭 지사가 그 자리에 나타나자, 재빠르게 돌아가고 말았다.

다음 날 아침, 스칼렛은 멜라니에게 화풀이를 하였다.

"당신은 나를 모욕했어요. 모처럼 지사에게 소개하려고 생각했었는데, 토끼처럼 달아나고 말았더군요."

"저는 그 분이 참석하리라고는 생각지도 못했어요."

멜라니는 슬프게 대답하였다.

"그럼, 지사가 올 것이라는 걸 미리 알았다면, 안 올 작정이었어요?"

"네, 그럴 수밖에 없었을 거예요."

"아니, 뭐라고요! 이젠 당신까지 나를 모욕하는군요."

"노여워하지 마세요, 언니. 저는 브럭 지사나 공화당원이나, 북부의 가담자와 만나는 것이 죽기보다 싫어요. 설령 제가……."

"제발 그만둬요! 당신들은 여전히 하잘것없는 일을 가지고 떠들기를 좋아하는군요."

"언니, 이제 그만 화 풀어요."

"아뇨, 나는 내 마음대로 하겠어요. 내가 어떤 사람들과 교제를 하건 무슨 상관이에요? 그게 왜 문제가 되냔 말이에요?"

연회를 치른 뒤로, 스칼렛은 더욱 공공연하게 새로운 친구들과 만났다. 그들과 어울려 카드 놀이를 하고, 춤을 추고, 야외놀이를 나가는 등 갖가지 모임을 계속해서 열었다.

그러나 사실, 브릭 지사를 비롯하여 이들 새로운 사람들과 친하게 지내는 것은 살아나가는 데 도움이 되어서였다. 아무런 이익이 없었다면 스칼렛도 그들과 만날 생각이 전혀 없었다.

'내 마음을 그렇게 몰라주다니, 얼빠진 사람들이야! 이제는 이해할 만도 한데!'

스칼렛은 마음속으로 이렇게 남부 사람들의 융통성 없는 고집스러움을 비웃었다.

마음의 아내

레트와 결혼하고 얼마 안 되어 스칼렛은 또 한 아이의 어머니가 되었다.

그녀는 아주 귀여운 딸을 낳았다. 아이의 이름은 보니라고 지었다. 딸을 가진 순간부터 레트의 행동은 완전히 달라졌다.

그는 남들의 시선도 의식하지 않고, 거리에서 아는 사람을 만나면 오래도록 자기 아이의 발육상태를 이야기하였고, 그 사랑스러움을 입에 침이 마르도록 자랑하였다.

스칼렛은 마음속으로, 레트의 이와 같은 맹목적인 사랑을 경멸하였다. 레트 역시 다른 사나이들처럼 무관심하고 냉담하게 행동해 주는 편이 더욱 사나이다울 것이라고 생각하였다.

스칼렛은 다시 외출할 수 있게 되었을 때, 오랜만에 제재소로 애슐리를 찾아가 보았다.

지금 그녀가 당장 일을 할 필요는 없었지만, 애슐리와 단둘이 사무실에서 장부 검토를 한다는 것은 그녀에게 큰 즐거움이었다.

"오, 어서 오십시오."

애슐리는 여왕을 시중드는 기사처럼 공손히 그녀를 맞이하였다. 그는 스칼렛을 사무실로 안내하고는, 매우 곤란한 듯한 태도로 이야기하였다.

"이봐요, 스칼렛. 나는 아무리 해도 갤리거 같은 죄수를 부릴 수가 없소. 해방된 흑인으로 바꿔 줄 수는 없소?"

"흑인이라고요? 안 돼요. 그런 사람들을 쓰다가는 파산하고 말아요. 돈을 벌기 위해서는 죄수든 뭐든 상관없잖아요. 마구 부리세요. 그렇지 않으면 우리만 손해라고요."

"스칼렛, 당신들도 같은 인간이라는 것을 잊어버렸소? 도저히 그냥 듣고 있을 수가 없군!"

애슐리는 격렬한 어조로 말하였다.

"당신은 변해 버렸소. 옛날의 당신은 활달하며, 관대하고 다정했소. 그런데 레트는 당신 가운데에 냉혹함과 잔인함의 독소를 불어넣고 말았소. 그 사나이가 당신을 그렇게 변하게 만들고 말았소. 그는 결코 신사가 아니오."

"뭐라고요?"

스칼렛은 두 눈을 번쩍 떴다.

'이 분이 이렇게까지 나를 깊이 생각하고 있었다니!'

"스칼렛, 나는 당신의 기품이 그 사나이 때문에 점점 더러워져 가는 것을 보고만 있을 수가 없소. 그 사나이가 당신의 몸에 손을 댄다고 생각만 해도……. 나는."

애슐리의 두 손이 스칼렛의 어깨 위에서 떨리고 있었다. 스칼렛이 자신도 모르게 애슐리 쪽으로 몸을 기대자, 애슐리는 깜짝 놀란 듯이 주춤하고 뒤로 물러섰다.

"스칼렛, 내가 너무 지나친 말을 했소. 남편을 신사가 아니라고까지 하다니……. 남의 남편에 대해 이런 폭언을 함부로 퍼부었으니 변명의 여지가 없소. 용서하시오."

애슐리는 얼굴을 찌푸리며 말하였다.

스칼렛은 숨을 죽이고, 다음 말이 나오기를 기다리고 있었다. 그러나 무겁게 가라앉은 애슐리는 이후 한 마디도 하지 않았다.

집으로 돌아가는 마차 속에서 스칼렛의 마음은 이상하게 달아올랐다.

'분명 애슐리가 말했어! 레트의 포옹이 나를 천하고 냉혹하게 만든다고. 그 분이 진정으로 그렇게 생각한다면, 지금부터는 레트의 포옹을 거절하겠어! 마음속 연인끼리, 서로가 육체의 순결을 지킨다는 것은 얼마나 아름다운 일일까.'

이런 생각을 하며, 그녀는 레트와 침실을 따로 쓰기로 작정하였다.

"여보, 할 말이 있어요."

스칼렛은 이층의 아이들 방에 있는 레트를 불렀다.

"저는 앞으로 더 이상 아기를 낳고 싶지 않아요. 여보, 내 마음을 알아주시겠지요?"

"알았어. 부부간의 권리를 거절한다는 말이겠지. 그런데 스칼렛, 내게는 당신 침실쯤은 그다지 큰 매력의 대상은 아니야. 흥, 내가 싫증났다는 말이지. 어디 마음껏 당신의 순결을 지켜 보구려! 하지만 아무리 그래도 당신의 침실에 매력을 느낄 때는 내 감정이 명하는 대로 행동하겠어!"

"저녁마다 전 방문에 자물쇠를 걸겠어요."

"자물쇠쯤은 문제가 안 돼."

레트는 차가운 미소를 지으며 말했다.

"애슐리 부부가 멜라니의 건강을 위하여 현재 방을 따로 쓰고 있다는데, 당신도 그것을 흉내내서 애슐리를 위로해 주겠다는 말이지. 그러나 얼빠진 노릇이야. 내게는 여기저기에 따뜻한 침실이 기다리고 있다는 것을 모르나!"

레트는 놀란 아내의 얼굴을 쏘아보고 나서 방을 나가 버렸다.

'이제 레트는 내게로 돌아오지 않을 거야. 내가 아무리 악몽에 시달려도, 그 굳센 두 팔은 내 옆에서 다른 데로 떠나고 말았어. 벨 와틀링의 집으로……'

스칼렛은 의자에 기대앉은 채 한동안 흐느껴 울었다.

그 후 레트는 한 지붕 밑에 살면서도 스칼렛의 방에는 좀처럼 오지 않게 되었다. 보니가 밤마다 무서움을 타게 되어 우는 버릇이 생기자, 레트는 보니를 자기 침실로 데려가 버렸다. 그리고 보니가 잠들 때까지 꼭 껴안고 달래 주었다. 때로는 새벽까지 꼬박 새는 날도 있었다.

"당신은 아이가 울어도 절대 눈뜨지 않겠지. 설령 눈을 떴다고 하더라도 진심으로 달래 주지는 않을 거야! 그런 어머니한테 아이를 맡겨 둘 수는 없소."

레트는 이렇게 말하였다.

'어떤 아이라도 어둠을 겁내는 거야. 그걸 고치려면 엄격한 훈련이 필요해. 그런데도 레트는 내 침실에 못 오게 한다는 데 대한 분풀이로 보니를 빼앗아 가고, 나를 무정한 어머니 취급 해. 좋을 대로 하라지.'

스칼렛은 이렇게 생각하면서도 뭔지 모를 안타까움과 슬픔에 잠겨 있었다.

레트는 요즘 완전히 술을 끊어 버렸다. 그 전처럼 만취한 그의 모습은 더 이상 볼 수 없게 되었다. 그것은 보니 때문이었다.

눈에 띄게 커 가는 보니는 자랄수록 제럴드 오하라의 손녀딸이라는 것을 분명히 나타내기 시작하였다. 아일랜드 족 특유의 푸른 눈동자를 가진 보니는, 남에게 지기를 싫어하고, 마음에 들지 않는 일이 있으면 작달막한 두 다리를 톡탁거리면서 응석을 부렸다. 그러다가도 소원을 풀기만 하면 언제 그랬냐는 듯이 기분이 좋아졌다.

그녀는 단순하고 성질이 곧은, 아름다운 소녀로 자라고 있었다.

"싫어, 술냄새 나!"

언젠가 레트가 키스를 하려고 하자 보니는 자그만 콧등에 주름살을 만들면서, 아버지 무릎에서 내려가려고 몸부림친 일이 있었다.

"이거 야단났는데, 아빠가 이제는 술도 못 마시겠군."

레트는 그 때부터 술을 끊었다. 그 뿐만 아니라, 웨이드가 스칼렛의 자식이라는 이유로 남부 어떤 가정의 어린아이 생일 파티에 초대받지 못했다는 사실을 알고 난 뒤부터 보니의 장래를 생각하게 되었다.

"아이들 파티에 끼지 못한다면, 보니가 숙녀가 되어 사교계에 처음 나가게 될 때에도 역시 파티에서 내쫓김을 당하게 될 거요. 내 딸을 애틀랜타에서 전통 있고 기품 있는 명문 규수로 키우려면 천박한 북부 사람들과 손을 끊어야 하겠소.

보니가 점잖은 남부의 가정에서 경멸당한다는 것은 참을 수 없는 일이오. 스칼렛, 우리는 자식을 위해서 남부의 사교계에 들어갈 수 있도록 미리 준비를 해 두어야 할 것 같소. 돈벌이나 북부 사람들과의 만남에만 열을 올리고 있을 게 아니라……."

이렇게 말한 뒤 레트는 북부 사람들과 절교하고, 재산을 정치 쪽에 집중적으로 활용하기 시작하였다. 그는 민주당을 후원하기 위해 민주당 대회에도 참여하였고, 시민들로부터 미움을 받고 있는 브럭 지사 축출 운동에도 가담하였다.

그는 남부 사람이 주최하는 자선 단체에는 거의 빠짐없이 기부를 하였고, 웨이드의 손을 잡고 경건한 표정으로 교회에 나갔다.

벨 와틀링의 집에 갈 때는 거리의 점잖은 신사들과 마찬가지로 밤을 틈타 몰래 갔고, 되도록 남의 눈을 피하려고 애썼다.

바야흐로 그는 얼마 전까지 고수해 오고 있던 삶의 흐름을 거스르기 시작한 것이다.

그는 천천히 변하고 있었다.

휴 엘싱을 비롯한 남부의 남자들을 만나면, 그는 늘 부드러운 미소와 겸손한 태도로 대하였다. 젊은이들은 점점 그에게 호의를 갖기 시작하였다. 그가 안장 앞에 보니를 태우고 산책을 하고 있으면 미소를 보내 주는 사람들도 점점 많아졌다.

완고하기로 이름난 노부인들도, 레트가 점잖은 말로 어린아이의 육아 법에 관하여 물으면, 기꺼이 대답을 해 주었다.

"아이들을 사랑하는 사람 치고 악한 사람이 없다더니 정말이네요."

노부인들은 이렇게 수군거렸다.

레트는 또 교회 수리를 위하여 거액의 기부금을 냈고, 명예 전사자의 묘지미화 협회에도 솔선하여 돈을 기부하였다. 그는 이 기부금을 엘싱 부인에게 기탁하면서 소문날 것을 뻔히 알면서도,

"부디, 비밀로 해 주시오!"

하고 덧붙였다.

"당신 같은 분이 기부를 하시다니, 이유를 알 수 없군요."

엘싱 부인은 의아해하며 무뚝뚝하게 말하였다.

"사실은 군대에서 나와 함께 있던 전우가 저 무명 묘지에 잠들어 있습니다. 그와의 추억을 잊을 수 없어서죠."

"당신이 군대에 계셨다고요? 어느 부대죠?"

레트는 자세하게 설명하였다.

"아, 그럼 포병이셨군! 제가 알고 있는 사람들은 대개가 기병대 아니면 포병대였지요."

"사실은 저도 보병대에 들어가고 싶었어요. 졸업은 못 했습니다만, 한때 젊은 기분에 육군사관학교에 다닌 적이 있지요. 그 사실이 알려지면서 정규 포병대에 편입된 거예요. 물론 종군 중에는, 이 거리의 사람은 아무도 만나지 못했습니다만."

엘싱 부인은 여전히 의심스러운 눈빛으로 레트의 얼굴을 바라보았다.

"옛날의 행동을 부끄럽게 생각했기 때문에, 남부 동맹군에 있었던 사실을 이야기할 수 없었던 것입니다. 그러나 남부 동맹군에 종군했다는 것을 평생 자랑으로 생각하고 있다는 것만은 믿어 주십시오."

그는 많은 금액의 기부금을 내놓고는 나가 버렸다.

엘싱 부인은 메리웨더 부인에게 이 사실을 보고하였다.

"바보 같은 소리! 그에게 속아서는 안 돼요. 우선, 그 당시의 포병 사령관이었던 칼튼 대령에게 조회해 보면, 거짓말인지 아닌지 알 수가 있지 않겠어요?"

그래서 칼튼 대령에게 편지를 하였는데, 답장은 뜻밖이었다.

칼튼 대령은 당시 레트의 근무 상태를 격찬하며, 그는 타고난 포병이었으며 청렴결백한 신사였다고 하였다.

"그것 보세요!"

엘싱 부인이 말하였다.

"남군을 위하여 목숨을 걸고 싸운 사람이 결코 나쁜 사람일 리는 없어요. 나쁜 것은 스칼렛이에요. 그 분은 자기 아내 일까지도 부끄럽게 생각하고 있을 거예요. 다만 신사니까 말을 하지 않을 뿐이지."

"설마 그렇게까지."

메리웨더 부인이 애매하게 대답하자, 갑자기 엘싱 부인은 목소리를 높여 말하였다.

"그 분은 어제, 억수같이 쏟아지는 비를 맞으며 아이들을 데리고 지나가고 있었어요. 갓난아이까지 데리고 말이에요. 비가 오는데 아이들을 데리고 나오면 안 된다고 말했더니, 그 분은 곤란한 표정을 짓고는 아무 말도 안 하더라고요. 마미의 이야기에 의하면, 집에 불량한 백인이 와 있기 때문에 아이들 교육에 해롭다고 레트 씨가 아이들을 데리고 밖으로 나오셨다는 거예요."

메리웨더 부인은 자기도 모르게 레트를 존경하는 말투로 말하였다.

레트는 자신이 대주주로 있는 은행의 서기로 근무하기 시작하였다. 그는 종일 책상에 앉아서 부지런히 사무를 보았다. 투자 관계며 은행 업무에 밝은 그는, 충실한 근무 성적으로 은행원과 중역 간부들에게 호감을 사고 있었다.

그래서 요즘에는 스칼렛 혼자만 남아 있는 형편이었다.

그녀는 북부 사람들과 교제를 하느라고, 아이들 돌보는 일을 여전히 소홀히 하고 있었다.

그토록 귀여운 보니도 보는 둥 마는 둥 하였다. 그래서 레트 혼자서 어린 딸을 키우느라고 고생을 하고 있었다.

부인들은 스칼렛에 대하여 한층 더한 증오와 경멸의 눈길을 보냈다. 반대로 레트는 민주당에 참가하여, 그의 두뇌와 노력과 돈과 시간을 아낌없이 바쳐 조지아 주의 복권을 위하여 노력하였다.

마침내 민주당은 의회에서 압도적인 승리를 거두게 되었고, 공금 남용, 독직 사건 등이 폭로되어 브럭 지사가 도망치자 레트는 시민들의 총애를 한몸에 받았다.

반대로 브럭 권력에 모든 것을 걸고 있던 북부 이주민들의 낭패에 스칼렛은 당황하였다. 물론 스칼렛 역시 북부 사람들을 진정으로 좋아하고 있는 것이 아니었으므로 오히려 그들의 정치적 참패를 속시원하게 생각하였다.

그러나 정복자의 권리가 마지막을 고하게 된 지금, 스칼렛은 미친 듯이 날뛰는 시민들의 환호성에 같이 움직일 수는 없었다.

그녀는 민주당에서 가장 인기 있는 레트 버틀러의 아내였으나, 한편으로는 말할 수 없는 고독을 느끼며 실망의 구렁텅이 속에서 헤매고 있었다.

꿈은 멀다

그 날은 애슐리의 생일이었다.

멜라니는 애슐리가 공장으로 출근하자마자, 축하 파티를 준비한다고 분주하게 움직였다.

스칼렛은 제재소로 가는 도중 멜라니의 집에 잠깐 들렀다. 그녀는 몹시 상기된 얼굴로 뭔가 바쁘게 움직이고 있는 멜라니를 보고 말하였다.

"무슨 일이에요?"

"오늘이 애슐리의 생일이에요. 그에게는 오늘 밤의 파티를 비밀로 하고 있어요. 스칼렛, 제재소로 나가면 다섯 시까지 그이를 거기에다 붙잡아 두어 주시겠어요? 그이가 빨리 돌아오면 준비하는 것을 알게 되니까, 놀라게 해 줄 수가 없잖아요."

"그래요, 그렇게 하겠어요."

스칼렛은 곱지 않은 시선으로 바라보는 인디어의 눈길을 의식하면서도 마음속으로는 웃었다.

집 밖으로 나와 보니 맑고 상쾌한 날씨였다. 진한 초록색 윗옷에다 새털로 장식된 초록색 모자를 쓰고, 여느 때보다도 정성껏 화장을 한 스칼렛은 어딘지 모르게 들뜬 표정으로 마차를 몰았다.

"애슐리, 계신가요?"

스칼렛은 즐겁게 소리를 지르면서, 사무실로 뛰어 들어갔다.

"아니, 스칼렛! 우리 집 파티 준비를 도와주러 가지 않았소?"

"아, 그걸 어떻게 아세요? 누가 당신에게 말해 주었지요?"

"멜라니가 초대한 사람들 모두죠. 고든 장군, 메리웨더 노인, 그리고 또……."

애슐리는 정말 유쾌한 듯 말하였다.

"그랬군요!"

스칼렛은 요즘 좀처럼 웃지 않던 애슐리가 미소짓는 것을 보자, 옛날의 그와 조금도 변함이 없는 것처럼 느껴졌다. 그녀는 뭔지 모를 기쁘고 뜨거운 감정이 가슴에 치솟는 것 같았다.

"당신은 여전히 아름답군!"

애슐리가 불쑥 이렇게 말하였다.

이렇게 아무도 없는 곳에서 단둘이 이야기하는 것은 정말 오랜만의 일이었다. 스칼렛은 혼자 생각해 보았다. 그 몹시도 춥던 어느 날, 타라의 과수원에서 둘이 이야기해 보고는 처음이었다.

그 때부터 두 사람 사이에는 꽤 많은 일들이 일어났고, 괴로운 나날의 연속이었다.

애슐리의 눈은 옛날처럼 빛났고, 게다가 환한 미소까지 띠고 있다.

"아니, 애슐리! 저는 이제 늙었어요."

"그렇지 않소, 스칼렛. 내게는 당신이 언제나 옛날과 같이 보여요. 기억하고 있소, 우리의 마지막 파티를? 그 날 당신은 떡갈나무 아래서 많은 청년들 틈에 앉아 있었지요.

나는 그 때 당신의 귀엽던 모습을 어렴풋이 기억하고 있소. 마치 그림을 보는 것처럼. 그 때와 다름없이 당신은 여전히 아름답소. 그러나 우리가 걸어온 길은 무척 고달팠소. 나는 당신이 없었더라면 어떻게 되었을까 생각할 때가 많소."

"제가 무슨 도움이 되었겠어요! 애슐리, 당신은 역시 당신대로 훌륭하게 살아오셨다고 생각해요."

"아니오, 스칼렛! 내게는 스스로 훌륭하게 살아 나갈 능력이라고는 조금도 없소. 당신이 없었다면 나는 벌써 옛날에 없어졌을 사람이오."

"애슐리, 그런 말씀 마세요."

"스칼렛, 나는 어떤 의미에서는 레트와 똑같은 인간일지도 몰라요. 단지 적응하는 방법이 다를 뿐이지. 예를 들면 패배하는 전쟁인 줄을 알면서도 나는 참전했소. 그러나 레트는 참가하지 않았소. 그런 차이 뿐이지."

"그만 두세요. 애슐리, 당신은 언제쯤 사물을 양편에서 바라보는 버릇을 그만두시겠어요? 그러다가는 아무 일도 하지 못하게 될 거예요."

"확실히 그렇소. 그러나 나는 역시 이대로의 나로 있고 싶소."

"저는 언제나 나 자신이 아닌, 다른 무엇이 되고 싶었어요. 부자가 되어서 더욱 안락한 생활을 해보고 싶었지요."

"나는 돌아올 희망이 없는 옛날을 그리워하고 있소. 옛날로 돌아가고 싶어 늘 추억에 사로잡혀 있소."

"저는 이대로가 좋아요. 모든 것이 다 생생하고."

스칼렛은 이렇게 말하면서도, 마음으로는 옛날의 추억을 좇고 있었다. 온화한 나날, 정원의 고요한 황혼! 내일의 불안이 없는 안락함! 스칼렛은 황홀감에 사로잡혀 있었다.

그 때 애슐리가 스칼렛의 턱에 손을 대어 자기 쪽으로 향하게 하였다. 두 사람은 오랫동안 서로 눈동자를 마주보고 있었다.

어느덧 두 사람은 포옹을 하였다.

스칼렛은 아무 생각도 없이 그의 품에 몸을 맡겨 둔 채 가만히 안겨 있었다. 그러자 이상하게도 마음이 편안해졌다.

애슐리만이 자신의 과거와 현재를 모두 알아준다고 생각하니, 마음속으로부터 깊은 애정이 솟아올랐다. 그것은 옛날에 그에게 품고 있던 애정과는 다른 것이었다.

문 밖에서 발소리가 들리자, 애슐리는 갑자기 한 걸음 뒤로 물러섰다. 스칼렛은 놀라서 그를 쳐다보았다. 그의 눈은 문 쪽을 향하고 있었다.

스칼렛이 뒤를 돌아다보니, 거기에는 애슐리의 누이동생인 인디어와 아치, 엘싱 부인이 서 있었다.

스칼렛은 정신없이 밖으로 뛰쳐나왔다. 어디를 어떻게 걸어서 집으로 돌아왔는지 알 수가 없었다. 그녀는 쓰러지듯이 침대 위로 몸을 던졌다.

그 사람들은 반드시 이 일을 멜라니에게 일러바칠 것이다. 이 소문은 불이 번지듯 이내 시내 곳곳에 퍼지고 말 것이다. 그것을 막아낼 방법은 없었다. 모든 사람들이 스칼렛을 행실 나쁜 여자라고 손가락질 할 것임에 틀림이 없었다.

'단지 나는 친구로서 그이의 팔에 안겨 있었을 뿐인데, 얼마나 얄궂은 운명의 장난인가!'

스칼렛은 어떠한 비방과 경멸이라도 이제는 참지 않으면 안 되었다.

그녀는 멜라니한테만은 이런 일을 알리고 싶지 않았다. 그렇지만 인디어가 가만히 있을 리가 없었다. 그 생각을 하니, 스칼렛은 눈물이 쏟아지며 미칠 것만 같았다.

갑자기 두려운 생각이 가슴을 쿡 찔렀다. 레트가 이 사실을 알게 되면 어떻게 할 것인가를 생각하니 가슴이 더 답답해졌다.

레트는 먼저 쏘아 죽이고 나서 문답을 하는 성격의 사람이었다. 그이가 알면 어쩌나 생각할수록 스칼렛의 마음은 몹시 산란해져 갔다.

미움의 시간

꽤 오랜 시간이 흘렀을 무렵, 레트가 방문을 두드렸다.

"파티에 갈 준비는 다 되었소?"

스칼렛은 몸을 움츠리면서 대답하였다.

"머리가 아파서 오늘 밤에는 도저히 못 나가겠어요."

그러자 예복을 입은 레트가 방으로 들어왔다.

"저는 아무래도……. 오늘 밤에는."

"알고 있소! 아치에게 들었소. 그러나 그런 이야기는 나중에 합시다. 자, 시간이 다 됐소. 그만 일어나시오!"

"저는, 이 오해가 풀릴 때까지는 꼼짝 못 하겠어요!"

"이런 겁쟁이 같으니! 오늘 밤에 당신이 거기에 얼굴을 내밀지 않으면, 평생 동안 이 거리에서는 사람들과 얼굴을 맞댈 수 없게 되오. 어떤 사람이 뭐라고 하든, 오늘은 절대로 참석해야 하오."

"여보, 제 말 좀 들어 보세요."

"안 듣겠소! 이제 꾸물거릴 시간이 없단 말이오. 어서 서두르시오."

레트는 가기 싫다는 스칼렛을 억지로 잡아끌고 멜라니의 집으로 갔다.

레트가 알고 있는 것으로 봐서 이미 그 일은 애틀랜타 시내에 쫙 퍼진 것이다. 스칼렛은 한 마디의 변명도 허락되지 않은 채 여러 사람들의 눈총을 받으면서 파티에 참석해야만 하였다. 멜라니와 얼굴이 마주치지는 않을까 벌써부터 불안해졌다.

멜라니의 집은 방마다 불빛이 휘황찬란하게 비치고 있었다. 많은 사람들의 유쾌한 말소리가 흘러나오고, 경쾌한 음악도 들렸다.

'도저히 들어갈 수 없어. 도저히……'

스칼렛은 마차에서 내리며, 몇 번이나 손수건을 쥔 손에 힘을 주었다.

"아이 참, 잘 오셨어요."

멜라니가 맑고 명랑한 목소리로 스칼렛을 반갑게 맞아 주었다.

"언니, 정말 아름다워요. 마치 천사 같군요. 오늘 밤에는 갑자기 인디어가 못 나오게 되었어요. 그러니까 언니가 나하고 같이 손님을 대접해 주셔야 해요."

멜라니는 다른 손님들은 안중에도 없다는 듯이 스칼렛의 손을 잡고 안으로 들어갔다. 파티가 끝날 때까지 멜라니는 스칼렛 옆을 떠나지 않았다.

스칼렛은 멜라니의 치맛자락 뒤에 숨어, 참을 수 없도록 괴로운 이 파티를 간신히 마칠 수 있었다.

파티가 끝나자 레트는, 스칼렛에게 먼저 마차로 돌아가라고 하였다. 스칼렛은 어깨의 짐을 내려놓은 듯한 마음으로 집으로 돌아왔다. 그녀는 방에 들어서자마자 침대에 드러누웠다. 그러나 내일쯤이면 그 소문이 시내의 구석구석까지 날개를 단 듯 퍼져 나갈 것을 생각하니 잠이 오지 않았다.

스칼렛은 술이라도 마시지 않고서는 도저히 잠을 이룰 것 같지 않았다. 그녀는 재빨리 가운을 걸치고 층계를 내려갔다.

그 때 식당 문이 안쪽에서 열리더니, 거나하게 취한 레트가 어둠침침한 촛불 빛을 등지고 서 있었다.

"한 잔 어떻습니까, 부인!"

레트는 비틀비틀 가까이 다가오더니,

"따라와!"

하고 스칼렛의 손을 잡아끌었다.

"이렇게 늦도록 술을 마시다니!"

"얌전뺄 거 없잖소. 어디 천천히 술이나 마시면서, 화목한 가정을 위해 토론이나 해볼까요?"

레트는 스칼렛에게 억지로 술을 권하였다. 스칼렛은 두 번째 잔을 옛날 제럴드가 마시듯이 단숨에 마셔 버렸다.

"재미있는 희극이었어."

스칼렛은 아무 대꾸도 하지 않았다.

"아무튼 오늘 밤에는 훌륭한 배우들이 고르게 모였어. 나와 당신, 애슐리, 그리고 멜라니 말이오. 하하하! 그러나 오늘 밤의 희극보다 더 재미있는 것은, 당신이 마음속으로 애타게 애슐리를 그리워하고 있었다는 사실이야."

"당신은 술이 취해서 질투를 하고 계시는군요."

"질투? 이봐요, 나는 지금 당신의 정절을 칭찬하고 있는 거요. 그 점에 있어서는 당신은 나를 한 번도 배반하지 않았단 말이오."

레트는 비꼬는 것인지 노여운 것인지 알 수 없는 말을 내뱉으면서, 스칼렛의 어깨에 아프도록 몸을 기대었다. 그리고 나서 그녀의 목을 힘껏 껴안았다.

스칼렛은 간신히 몸을 빼내어 어두운 홀로 뛰어 들어갔다. 레트는 재빠르게 그 뒤를 쫓았다. 그는 다시 덤벼들듯이 스칼렛을 껴안았다.

"당신은 애슐리에 대한 사랑을 지키기 위해 나를 침실에서 내쫓았지.

그러나 오늘은 그럴 수 없어!"

레트는 스칼렛을 가볍게 안아 들고 계단을 올라갔다.

캄캄한 어둠 속에서 그의 심장 뛰는 소리가 똑똑하게 들려왔다.

사 랑

아침에 눈을 떠보니 레트는 스칼렛의 옆에 없었다. 스칼렛은 어젯밤의 일이 꿈만 같았다.

'아, 레트는 나를 진심으로 사랑하고 있어! 그리고 나도 이제는 그이의 마음을 알 것 같아!'

스칼렛은 그가 돌아오기를 기다렸으나, 레트는 돌아오지 않았다. 다음 날도 그 다음 날도.

아마 벨 와틀링의 집에 틀어박혀 있을 거라고 스칼렛은 생각하였다. 사흘째 되는 날 아침, 레트가 돌아왔다.

"도대체 당신은 어디에 가 계셨어요?"

"어디냐고? 물론 벨의 집이지!"

"그럼 당신은, 저에게서 곧장 그 여자 집으로 갔다는 말이에요?"

"물론."

"그런 말씀을 하시다니, 당신은 부끄럽지도 않으세요?"

"왜 그런 말을 못한단 말이오? 벨이나 당신이나 뭐가 다르오? 하기야 아내로서 내가 투자한 당신보다는 벨 쪽이 훨씬 이익이 많기는 하지만."

"뭐라고요? 벨과 내가 같다고요? 뭐, 투자라고요?"

"이봐, 벨은 훌륭한 여자야. 수입도 많을 뿐만 아니라, 사람도 친절하지. 거기에 비하면 당신은 공장 운영면에서 뿐만 아니라. 아내로서도

불친절하고 말이야."

스칼렛은 분함에 못 이겨 울고 싶을 지경이었다. 그는 여전히 모욕과 조롱과 비꼼이 뒤섞인 태도로 거만하게 버티고 있었다.

사흘 전 일은 주정에서 나온 농담에 지나지 않은 것이었다. 그것을 진정으로 믿고 레트가 돌아오기만을 기다리고 있던 스칼렛은 자신의 얼빠진 행동에 절로 분통이 터졌다.

"나가세요. 두 번 다시 들어오지 마세요. 오늘부터 다시 방문에 자물쇠를 채우겠어요."

"좋도록 하시지. 걱정하지 않아도 나갈 테니까. 그렇지 않아도 당분간 찰스턴과 뉴올리언스를 거쳐 좀더 멀리까지 여행을 떠나려 하오. 보니를 데리고 오늘 출발하겠소."

"보니를 데리고 간다고요?"

"내 자식을 내가 데리고 간다는데, 누가 간섭한단 말이오?"

"벨의 술집에도 그 아이를 데리고 다닐 당신에게 결코 보니를 맡길 수는 없어요."

레트는 피우고 있던 잎담배를 마룻바닥에 내던지고, 노여움에 불타는 눈초리로 스칼렛을 쏘아보며 소리쳤다.

"내가 보니를 사랑하고 있지 않다는 말이지! 바보 같으니. 당신은 아이 엄마인 척하고 있지만, 웨이드나 엘라는 당신을 무서워하고 있어. 멜라니 덕으로 아이들이 다소라도 애정이란 것을 맛볼 수 있었지. 그런 당신에게 보니의 순진한 마음까지 짓밟히게 내버려 둘 수는 없어. 보니는 내가 데리고 가겠어."

쓰디쓴 이별이었다. 레트는 끝내 보니를 데리고 여행을 떠났다.

레드는 집을 나간 지 석 달이 지났지만 아무런 소식이 없었다. 어디에 있는지도 모르면서 그에게 편지를 보낼 수도 없었다. 그 동안 스칼렛은 겉으로는 아무렇지도 않은 듯해 보였으나, 마음은 수심으로 가득차 있었다. 우울한 나날이 계속되었다.

　　갤리거에게 맡긴 공장은 번창하여, 일은 세 배로 불어났고 돈도 쏟아져 들어왔다.

　　그러나 스칼렛의 마음은 한없이 쓸쓸하고 서글펐으며, 어딘지 모르게 텅 비어 있었다. 스칼렛은 애슐리가 맡아서 운영하고 있는 공장에는 아예 가지 않았다.

　　멜라니는 딱 한 번,

　　"우리들 사이에 무슨 변명이 필요해요, 스칼렛? 당신 자신이나 애슐리나 저를 모욕해서는 안 됩니다. 난 인디어와는 절교했어요. 오래도록 함께 해온 우리 세 사람은 앞으로도 동지가 되어서 세상의 거친 파도와 싸워 나가지 않으면 안돼요."

라고 말하였을 뿐, 거리의 소문에는 조금도 귀기울이지 않았다.

　　스칼렛은 차라리 멜라니가 자기에게 몹쓸 욕이라도 퍼붓는 편이 더 시원할 것 같았다.

　　그런데 멜라니는 채찍질 대신 따뜻한 손길을 뻗쳐 왔다. 남의 악담을 믿지 않는 멜라니의 부드러운 눈동자는 스칼렛의 마음을 한층 더 무겁게 하였다.

　　오랫동안 품어왔던 애슐리에 대한 마음을 고백하는 것은 어려운 일일 것이나, 이 사실을 멜라니에게 털어놓고 그녀의 친절을 여지없이 짓밟아 버리는 것도 통쾌할 것 같았다.

　　"멜라니, 며칠 전 있었던 일에 관해 할 말이 있어요."

　　스칼렛이 더듬더듬 말을 꺼내면, 멜라니는 사랑과 노여움이 섞인 눈짓으로 스칼렛의 입을 막아 버리고 말았다. 그러면 스칼렛은 더 이상 뭐라고 할 말이 없었다.

한편, 목숨보다도 명예를 더 소중히 여기는 애슐리는 한없이 괴로워 했다. 그러나 그도 별수 없었다.

스칼렛은 그가 남자답게 세상과 아내를 위하여 진실을 고백해야 한다고 생각하였다. 그러나 그것을 감히 하지 못하는 애슐리를 바라보면서 스칼렛의 마음은 점점 달라지기 시작하였다.

시내 사람들은 멜라니를 믿는 사람, 인디어의 말을 믿는 사람, 두 패로 나뉘어져 있었다. 멜라니는 스칼렛을 욕하는 사람은 누구를 막론하고 매섭게 나무랐다. 그녀는 언제나 스칼렛과 함께 있었다.

멜라니 편의 사람들은, 멜라니가 스칼렛을 믿는 이상, 그녀의 결백을 믿어야 한다고 주장하였다. 사람들은 점점 스칼렛에 대한 경계심을 풀었고, 그녀를 방문하기까지 하였다.

지금 스칼렛은 레트와 보니가 곁에 없는 것이 뼈아프도록 쓸쓸하였다. 레트가 마지막 남긴 말을 떠올리며 웨이드와 엘라를 가까이 하고 서글픈 마음을 달래 보려고 애썼으나, 쉬운 일이 아니었다.

특히 웨이드는 스칼렛 곁에 있을 때보다도, 멜라니 곁에 있을 때 더욱 생기 있어 보이고 활발하였다. 아무리 그럴 리가 없다고 생각하여도, 웨이드는 스칼렛 곁에 있을 때는 슬슬 눈치만 살폈다.

그러던 어느 날, 스칼렛은 몸이 좋지 않아 미드 박사의 진찰을 받고 임신했다는 말을 들었다. 그녀는 기절할 듯이 놀랐다.

'만약 사내아이라면……'

이렇게 생각했을 때, 스칼렛은 비로소 아이를 낳는다는 기대에 온몸이 떨렸다. 아이를 낳기 전에 레트가 돌아오면 얼마나 좋을까 하고 생각하였다. 어디에 있는지도 모르는 남편을 생각하면서, 스칼렛은 간절히 그가 돌아오기를 기다렸다.

그녀는 레트가 찰스턴의 친척집에 머무르고 있다는 것을 알았으나 편지를 보내지는 않았다.

세월은 흐르고

레트는 아무런 예고도 없이 돌아왔다.

"오랫만이군, 스칼렛. 안색이 좋지 않은데, 무슨 일이라도 생겼소?"

레트는 키스도 하지 않고 스칼렛에게 말하였다.

"아이를 가졌어요."

스칼렛이 말하였다.

"오, 행복한 아기 아버지는 누굴까?"

레트는 무뚝뚝하게 반응할 뿐이었다.

"당신의 아이예요. 낳고 싶지도 않은 당신의 자식이라고요."

스칼렛이 흥분하여 소리치자,

"그렇게 낳기 싫으면 유산이라도 시키시지!"

하고 레트는 눈썹 하나 까딱하지 않고 말했다.

분함에 못 이겨 스칼렛은 잠시 정신을 잃었다. 곧 정신이 돌아온 그녀는 층계 중간에서 고양이처럼 레트에게 달려들었다. 레트가 슬쩍 몸을 피하자, 발을 헛디딘 스칼렛은 뒤로 자빠진 채 계단 밑으로 굴러 떨어졌다. 그 뒤로는 전혀 의식을 차릴 수가 없었다.

침대 위에서 신음하고 있는 스칼렛의 몽롱한 시야에 멜라니의 모습이 희미하게 비쳤다. 멜라니는 스칼렛의 힘없는 손을 꼬옥 잡고 있었다. 피티 고모의 겁먹은 음성에 섞여서, 미드 박사가 무엇인가를 명령하는 소리가 들려왔다.

아이가 유산된 것을 안 레트는 무척이나 상심하였다.

"내가 죽였소, 내가."

레트는 멜라니의 치맛자락을 붙잡고 흐느껴 울었다. 멜라니는 어린 아이를 달래듯이 그의 머리를 쓰다듬으면서 위로하였다.

그 뒤로 한 달쯤 지나서, 스칼렛은 타라로 몸조리를 하러 가게 되었다. 그녀는 쇠약해진 몸을 레트에게 의지한 채, 엘라를 데리고 애틀랜타를 떠났다.

그 때까지 타라는 완전히 복구되어 있지 않았다. 농장이란 농장은 전부 미개척 시대로 되돌아가 있었고, 폐허가 된 목화밭에는 떡갈나무와 소나무가 무성하게 자라 있었다.

그렇지만 타라는 천천히 부흥의 흔적을 보이고 있었다. 완전히 건강을 회복한 스칼렛은 타라에서 돌아왔다. 그녀가 없는 동안에 레트는 스칼렛의 제재소를 애슐리에게 팔아 버렸다.

"모처럼 건강해져서 돌아와, 또 상점이니 공장이니 하고 돌아다니면 아무런 효과가 없습니다. 아내의 건강을 위하며 내가 비밀로 자금을 제공하겠으니, 제재소를 인수하여 남편의 이름으로 변경해 주십시오."

레트는 멜라니와 애슐리를 설득하여 제재소를 팔아 버린 것이다. 레트의 본심은 이것으로써 애슐리와 스칼렛의 낡은 인연을 깨끗하게 청산하고 싶었던 것이다.

스칼렛은 앓아 누운 뒤부터 레트의 태도가 또다시 달라지고 있는 것을 알아차렸다.

그는 조용하고 침착하였으며, 항상 무엇인가를 골똘히 생각하고 있는 것 같았다.

한때 자포자기하여 마시던 술도 완전히 끊어 버리고, 가족들과 함께 식탁에 앉아 있는 시간이 훨씬 많아졌다. 스칼렛을 대하는 태도도 정중하였고, 늘 쾌활한 척하기 위해 애쓰는 듯 보였다. 이러한 레트를 보며 스칼렛은, 말다툼을 하더라도 옛날과 같이 열렬한 그의 모습을 보고 싶었다.

레트의 마음은 아이들, 특히 보니에게 집중되고 있는 것 같았다. 아이들과 즐거운 시간을 보내는 남편을 보면 스칼렛은 자기 혼자만 외로이 떨어져 있는 것 같은 느낌이 들었다.

레트가 만나는 사람의 범위도 눈에 띄게 달라졌다.

결혼 당시, 그가 술에 취해 데리고 다니던 모리배며, 공화당원들은 전혀 나타나지 않았다. 술을 끊어 버린 그가 사귀는 친구는 메리웨더 노인, 헨리 백부, 미드 박사, 휴 엘싱 등 남부의 대장부들뿐이었다. 그들은 종종 밤늦게까지 무언가를 의논하곤 하였다.

'K.K.K단에 가입하지 않았을까?'

하고 스칼렛은 불안해하였다.

"여보, 제발 말씀 좀 해보세요. 혹시 K.K.K단에 가입했나요?"

"당신은 정말 시국을 모르는군. 애틀랜타에서 K.K.K단 같은 건 없어진 지 벌써 오래요. 내가 이권 운동을 그만두고 충실한 민주당원이 되었을 때부터 이미 K.K.K단은 사라진 것이오."

레트는 상세히 설명하였다. 그리고 사실 그는 민주당원으로서 누구보다도 열심히 일을 하고 있었다.

1871년 크리스마스가 왔다.

민주당이 선거에서 압도적으로 승리하였을 때, 마침내 조지아 주는 민주당 출신의 지사를 앉히는 데 성공하였다. 애틀랜타는 정말 오랜만에 기쁨 속에서 들끓고 있었다.

조지아의 복권을 위하여 열심히 활동한 레트는 한층 더 사람들의 존경을 받았다. 레트가 말 안장에 보니를 태우고 시가지를 돌아다니면, 사람들은 존경의 눈길로 인사를 하였고, 보니의 사랑스러움에 칭찬을 아끼지 않았다.

허탈감

　보니는 레트의 맹목적인 사랑을 받으면서 어느덧 다섯 살이 되었다. 제멋대로 자라난 보니는 스칼렛의 힘에 부쳤다. 아이는 레트와 여행을 하는 동안에 배운 버릇 때문에 밤늦도록 자지 않았고, 엘라와 함께 침실로 가려 하지도 않았다.

　스칼렛이 타라에 요양 가 있는 동안에 보니의 행동은 사내아이처럼 거칠어져 있었다. 어른들 이야기에 끼어들기가 일쑤였으며 레트에게 곧잘 자신의 의견을 전하기도 하였다.

　그러면 레트는 그 모습이 귀여워 못 견디겠다는 듯이, 보니의 의견을 귀담아 들었다. 스칼렛이 아무리 꾸지람을 하여도, 그럴 때마다 레트가 감싸 주고는 하였다.

　'저 아이가 저렇게 아름다운 아이가 아니라면, 도저히 못 참을 거야!'

　스칼렛은 이렇게 생각하였다.

　부드러운 곱슬머리와 귀염성 있는 보조개, 어리광스러운 몸짓, 보니의 모든 것이 누구에게든 사랑스럽게만 보였다.

　보니는 언제나 레트의 곁을 떠나지 않았다. 식사 때에도 아버지 곁에 자리를 잡았고, 옷을 입는 것, 침대에 눕히는 것까지도 아버지가 아니면 안 되었다.

　스칼렛은 다섯 살밖에 안 되는 조그만 딸아이가 이렇게까지 레트를 움직이는 것에 탄복하였고, 질투 비슷한 감정을 느낄 때도 많았다.

레트는 아이들에게 희고 누런 얼룩빼기 망아지 한 필을 사 주었다. 이 망아지는 기다란 명주실 같은 목털과 꼬리를 가졌으며, 은으로 된 안장을 싣고 있었다.

웨이드는 망아지보다도 세인트 버나드(개의 한 품종)를 더 좋아하였고, 엘라는 무서워서 가까이 가지도 않았으므로, 결국 망아지는 보니의 전용 말이 되었다. 보니는 망아지 이름을 버틀러라고 지었다. 보니는 어느덧 아버지 옆에서 말 타는 연습을 하기 시작하였다.

"이 아이가 사냥을 나갈 수 있을 정도로 크면, 버지니아로 데리고 가야지. 그리고 말의 명산지인 켄터키에도 데리고 갈 거야. 잘 타는데, 아주 잘 타!"

레트는 보니의 연습을 돌봐 주며 즐겁게 말하였다.

새 깃이 달린 검은 모자를 쓰고 새파란 우단 옷을 입은 보니가, 아버지의 검정 말과 나란히 콧등을 견주면서 피치트로 가를 가끔 지나다녔다.

보니는 나날이 말을 다루는 기술이 늘어 갔다. 스칼렛은 부녀가 승마 연습에 열을 올리고 있는 광경을 가끔 창 밖으로 내려다보았다.

"엄마, 잘 봐 줘!"

보니는 45센티미터 높이의 장애물을 뛰어넘으려고 폼을 잡고 있었다.

"응, 잘 보고 있어!"

스칼렛은 의기양양한 보니의 모습을 보고 웃으면서 말하였다. 레트가 보니를 안아서 망아지 위에 앉혔다.

보니는 망아지의 옆구리를 발로 차며 달리기 시작하였다. 순간, 스칼렛은 돌아가신 아버지 제럴드의 기억이 생생하게 떠올랐다.

"엘렌, 내가 뛰어넘는 것을 잘 봐!"

이렇게 말하며 목장의 울타리를 뛰어넘다가 떨어져 돌아가신 아버지 제럴드의 말을 몰 때의 빛나던 푸른 눈과 보니의 지금의 눈짓이 똑같았다.

"아아, 그만둬, 보니!"

스칼렛이 창 밖으로 몸을 내밀고 소리쳤다. 그 때 나무가 부러지면서 날카로운 비명 소리가 들렸다.

"위험해, 보니!"

레트의 절박한 외마디 소리가 들리고, 푸른 우단 옷이 공처럼 하늘로 솟았다 굴러 떨어졌다. 빈 안장만을 실은 망아지가 모래 바람 속에서 일어나 달아났다.

그 때 보니는 이미 내리쬐는 햇볕 아래 죽어 있었다.

아무리 레트를 책망하여도 보니의 영혼이 살아서 돌아올 리 없었다. 보니의 시체를 끌어안고 있는 레트에게,

"당신이 죽였어요. 보니를 내게 돌려줘요!"

하고 외쳤으나, 레트는 넋빠진 사람처럼 가만히 서 있었다. 마미가 보니의 상처를 씻으려 하여도, 그는 보니를 꼭 껴안은 채 꼼짝도 하지 않았다.

레트는 미친 사람처럼 총을 집어들고는 망아지를 쏘아 죽였다. 그리고 그 총으로 자살이라도 할 것처럼 날뛰었다.

레트는 보니의 시체를 자기 침실로 옮겼다. 스칼렛이 관에 넣어 안치하자고 말하자, 그는 무섭게 스칼렛의 뺨을 후려갈겼다.

"마미, 내가 돌아올 때까지 보니를 내 방에서 조금도 움직이게 해서는 안 돼, 할멈이 잘 지켜야 해."

레트는 이렇게 말한 후, 말을 타고 어디론가 사라져 버렸다.

저녁때가 되어서 몹시 취하여 돌아온 레트는, 조문을 온 손님들에게

인사도 하지 않고, 보니의 시체가 있는 방으로 뛰어 들어갔다.

"아, 너무 어두워. 창문을 열어! 마미, 촛불을 가져와. 보니는 어두운
것을 제일 싫어해."

레트는 온 집안에 휘황하게 불을 밝힌 채, 며칠 동안 술을 마시면서
밤을 지샜다. 레트는 방문을 굳게 걸어 잠근 채, 바깥으로 나오려 하지
않았다.

마미가,

"내일 아침에 장례를 치릅시다."

하고 문턱에서 고하자, 미친 듯한 고함 소리가 들렸다.

"뭣이 어째? 장사를 지내! 당장에 너부터 쏘아 죽일 테다!"

그들은 더 이상 어찌할 수가 없었다. 그대로 두었다가는 레트가 미쳐
죽을 것 같았다. 사람들이 의논을 한 결과, 멜라니를 부르기로 했다. 마
미가 멜라니를 데리러 갔다.

"아아, 가엾은 레트 씨……. 네, 가겠어요."

멜라니는 자기의 아들 보가 죽으면 자기도 레트처럼 될 것이라고 생
각하며, 레트의 절망에 깊이 동정했다.

멜라니가 이층에 있는 레트의 방으로 올라간 지 꽤 오랜 시간이 지났
다. 이윽고 레트의 방문이 열리며, 멜라니가 모습을 드러냈다.

"커피와 샌드위치를 빨리 가져오세요. 그리고 레트 씨는 내일 장례
지내는 것을 허락하셨어요."

멜라니가 마미에게 말하였다.

보니가 죽은 뒤로 집안 공기는 한층 더 무거워졌다. 스칼렛은 이렇게
어둡고 무서운 생활을 경험한 적이 없었다. 그 누구도 입을 열지 않은
채 우울한 나날이 지나갔다.

레트는 거의 집에 있지 않았다. 어쩌다가 가족들과 저녁 식탁에 같이 앉게 될 때가 있어도, 그는 완강하게 침묵을 지켰다.

스칼렛에 대해서는 전혀 안면도 없는 남남처럼 정중하게 행동하였다. 밤늦게 술에 취해 돌아올 때는 하인들이 침대까지 부축을 하였다.

그에게서 예전의 멋은 찾아 볼 수 없었으며, 단단하던 근육은 축 늘어졌고, 허리에는 살이 찌기 시작하였다. 집에 들어오지 않는 날도 많아졌다.

그러나 스칼렛은 그것을 책망할 수 없었다. 도리어 보니의 죽음에 대하여 그를 원망한 것을 사과하고 싶었다. 스칼렛은 그 동안 사랑에 굶주리고 있었던 것이다.

그 동안 믿고 의지하였던 마미도,

"엘렌 아씨께서 네 할 일은 이제 끝났으니, 돌아오라고 하십니다."

라는 말을 끝으로 세상을 떠났다.

부인들은, 술에 취하여 말안장에서 떨어질 듯 지나가는 레트를 보고는,

"아, 가엾어라!"

하고 한층 더 그를 위로하고 동정하였다.

멜라니의 죽음

스칼렛이 마리에타에 가 있을 때, 레트에게서 전보가 왔다.

'멜라니 위독, 즉시 돌아오길.'

기차가 애틀랜타에 도착하였을 때는 이미 황혼이 짙었다. 마차는 저녁 안개가 자욱하게 깔린 거리를 급히 달려 멜라니의 집으로 향했다.

"멜라니는 무사한가요?"

스칼렛은 레트의 안색을 살피면서 조심스럽게 물었다.

"그렇소, 아직 살아 있소. 그러나 그 분은 자신이 위험한지도 모르고 있소."

"왜 이렇게 되었어요? 갑자기."

"유산하였소."

"유산이라니요? 저도 몰랐는데."

스칼렛은 놀라 목소리까지 쉬었다.

애슐리는 몽유병 환자처럼 초점 잃은 눈으로 스칼렛을 바라보았다.

"멜라니가 당신을 만나고 싶어하오."

"지금 당장 만날 수 있어요?"

미드 박사가 병실에서 나오자, 스칼렛은 방 안으로 들어갔다.

멜라니는 소녀처럼 자그마한 몸으로 맥없이 침대에 누워 있었다. 얼굴색은 창백하고, 벌써 콧등에는 죽음의 빛이 감돌고 있었다. 멜라니는 이미 죽어가고 있었다.

순간, 스칼렛의 가슴속에는 감당하기 힘든 고통이 엄습해 왔다. 그제서야 스칼렛은 멜라니 없이는 자기가 단 한순간도 살아갈 수 없다는 것을 절실히 깨달았다.

"내가 왔어요, 멜라니! 나 알아보겠어요?"

스칼렛은 멜라니의 힘없는 손을 가만히 잡았다. 멜라니의 눈이 가느다랗게 떠졌다.

"아아, 스칼렛! 내 부탁 좀 들어주시겠어요?"

멜라니는 속삭이듯 중얼거렸다.

"무엇이든지 말해 봐요!"

"아이를 부탁해요."

스칼렛은 대답 대신 멜라니의 손을 꼭 쥐었다. 말이 나오지 않았다.

잠시 동안 침묵이 흘렀다. 멜라니는 무언가를 말하고 싶어했다.

"그리고 애슐리, 애슐리를……."

애슐리의 이름이 멜라니의 입에서 새어 나왔을 때, 스칼렛은 심장이 얼어붙는 것 같았다.

'멜라니는 모든 사실을 알고 있었어.'

이런 생각이 들자, 스칼렛은 이불 위로 얼굴을 묻었다.

'이렇게 착한 사람을 너무 오랫동안 괴롭혀 왔어. 아아, 멜라니가 조금만 더 살아준다면, 애슐리는 거들떠보지도 않을 텐데!'

"약속해 줘요, 애슐리의 일을……."

"알았어요, 염려 말아요."

스칼렛은 부끄러움을 느끼며 간신히 대답하였다.

"그이를 잘 돌봐 주세요. 그이는 진정 스칼렛을 사랑하고 있어요."

"아……. 잘 알았어요……."

스칼렛은 멜라니의 손에 가볍게 입맞춤을 하고, 다시 이불 밑으로 손을 넣어 주었다.

"어서 부인들을 불러 주시오!"

방을 나서는 스칼렛에게 미드 박사가 속삭였다. 멜라니의 최후가 가까워진 것이었다.

성스러운 영혼이 승천하고 있었다. 그녀의 죽음은 한 여성의 죽음이 아니라, 바로 강인하고 이타적인 인간의 기록이었다. 부드럽고 희생적이었으며, 누구보다도 씩씩했던 여성 멜라니!

그녀는 전쟁기간 내내 후방을 지켰고, 싸움에서 패하고 돌아온 남부 사람들을 따뜻한 가슴으로 껴안아 주었던 것이다.

"아아, 멜라니!"

스칼렛은 온몸의 힘이 다 빠져 나가는 것을 느꼈다. 이 세상에서 어머니를 빼놓고, 정말 자기를 사랑했던 사람은 멜라니뿐이었다.

어머니처럼 정다운 사람이 죽어 간다고 생각하자, 스칼렛은 어머니의 임종을 지켜보던 날의 느낌이 다시 들었다.

스칼렛은 주저하면서도 애슐리를 찾았다. 애슐리는 멜라니의 낡은 장갑을 멍청하게 바라보면서, 자기 방의 책장 앞에 서 있었다.

"애슐리!"

스칼렛은 떨리는 목소리로 그를 불렀다.

애슐리는 꼼짝도 하지 않고, 멍하니 스칼렛을 쳐다보았다. 이윽고 그는 힘들게 말문을 열었다.

"나는 당신을 만나고 싶었소. 위로 받고 싶은 어린아이처럼."

"뭐라고요? 언제나 강하던 당신이⋯⋯."

"내가 그렇게 보였다면, 그것은 멜라니가 내 뒤에 있어 준 덕분이오, 스칼렛."

"그렇지만 애슐리, 당신은 멜라니를 사랑하고 계셨지요?"

"멜라니는 나의 꿈이었소. 현실 속에서 영원히 살아 있는."

"꿈이라고요, 애슐리! 당신은 좀더 일찍 당신이 정말 사랑하고 있는 사람은 멜라니였다는 것을 알았어야 했어요. 멜라니가 저보다도 몇 배나 훌륭한 사람이라는 것을. 당신은 어리석게도 레트가 벨 같은 여자를 찾듯이, 저를 찾고 있었다는 것을 좀더 빨리 깨달았어야 했어요."

애슐리는 스칼렛이 진실을 말하고 있다는 것을 깨달았다. 그는 양심의 가책을 견디지 못하겠다는 듯 고개를 숙이고, 무엇인지 애원하는 듯한 표정을 지었다. 스칼렛의 얼굴에는 노여움이 사라지고 대신 연민과 경멸이 뒤섞인 감정이 솟아올랐다.

그러나 지금, 사나이에게 채찍질을 한들 무슨 소용이 있단 말인가! 그를 위로해 주라는 멜라니의 말이 떠올랐다.

"용서해 주세요, 애슐리! 제가 이런 말씀 드린 걸."

애슐리는 갑자기 스칼렛의 손을 잡고서 울기 시작하였다.

"울지 마세요. 힘을 내셔야죠."

그 때, 미드 박사가 부르는 소리가 들렸다.

"애슐리, 빨리 가 보세요!"

문이 닫히는 소리를 듣자, 스칼렛은 침대 위로 몸을 던졌다.

'오랜 세월 나는 애슐리에게 아름다운 의상을 입혀 놓고, 그 의상의 아름다움에 반해서 살아왔어. 그의 진정한 모습이 어떤 것인가는 알려고도 하지 않고. 그것은 시간이 지나면 아무런 가치도 없는 어리석은 환영이었어.'

멜라니와의 약속만 없었다면, 이대로 애슐리와 영원히 헤어져도 조금도 괴롭지 않을 것 같았다. 아마 애슐리도 같은 생각을 했을 것이라고 스칼렛은 생각하였다.

남은 사람들

방 밖에서는 사람들의 비통한 울음소리가 들렸다.

"조용히 하세요."

스칼렛은 방을 나서자, 엄숙히 말하였다. 이제는 인디어마저도 스칼렛에게 의지하는 것 같았다. 스칼렛은 울고 싶어도 울 수가 없었다.

'나까지 넋을 놓고 있으면 모든 사람들이 다 미쳐 버릴 거야. 우선 집안 청소를 시키고, 장례식 준비도 해야지. 조문객들과 같이 마냥 슬퍼하고 있을 때가 아니야.'

이렇게 생각하니, 멜라니를 사랑했던 사람들에게 차갑게 대할 수가 없었다. 스칼렛은 울고 싶은 충동을 억지로 참고, 조문객들을 대접하였다.

밤이 깊어지자 스칼렛은 안개를 헤치면서 집으로 돌아갔다.

아아, 우리 집! 희미한 밤안개 속에 젖어 있는 자기 집의 불빛을 보았을 때, 스칼렛은 비로소 자기가 돌아갈 곳을 찾은 것만 같았다.

레트가 있는 집! 거기야말로 진정 자기가 마음놓고 쉴 수 있는 곳이라는 생각이 들었다. 어째서 그것을 이제서야 깨달았을까! 레트의 사랑은 거들떠 보지도 않고, 스스로 만들어 낸 환영을 쫓아 오랜 세월을 헤맸던 것이다. 스칼렛은 오늘처럼 레트의 사랑을 애타게 그리워해 본 적이 없었다.

'나는 그를 진심으로 사랑하고 있어. 그것은 나도 깨닫지 못한 일이야. 아니, 애슐리만 없었다면 벌써 깨달았을 거야. 레트가 아무 말 없이 지금까지 내 곁에 있어 준 걸 보면, 그도 역시 나를 사랑하고 있는 게 틀림없어.'

부모님과 마미, 멜라니와 애슐리까지 잃고 만 지금, 스칼렛은 레트가 곁에 있다는 것을 깨닫자 새로운 힘이 솟는 것 같았다.

'그래, 오늘 밤에는 그에게 모든 것을 이야기해야지. 내가 얼마나 그를 사랑하고 있었는가를. 그리고 그의 사랑을 되찾아야지.'

스칼렛은 치맛자락을 걷어쥐고 레트에게 달려갔다. 레트는 식탁 앞에 멍하니 앉아 있었다.

레트는 피로로 흐려진 눈으로 스칼렛의 얼굴을 바라보았다. 그의 눈에는 전혀 생기가 없었다. 무릎까지 흙이 튀어오른 스칼렛의 치맛자락을 보고도 조금도 놀라지 않았다.

그는 너절하게 구겨진 옷을 입고, 고달프게 거기에 앉아 있었다.

"앉으시오. 멜라니는 떠났소?"

레트는 부드러운 눈길로 스칼렛을 쳐다보며 말했다.

스칼렛은 고개를 끄덕이며 마음속으로는,

'당신을 사랑해요!'

하고 외치고 싶은 욕망이 솟았다. 그렇지만 그 말이 쉽게 입 밖으로 나오지는 않았다. 레트의 태도가 그 말을 주저하게 하였던 것이다.

"그랬군. 하느님, 그녀를 고이 잠들게 하소서!"

레트는 무겁게 말하였다.

"내가 알고 있는 한, 그녀는 가장 어질고 정다운 사람이었어."

"그런데, 여보! 어째서 같이 와 주지 않았어요?"

"나는, 도저히 그 집으로 들어갈 용기가 나지 않았소."

레트는 이렇게 말한 뒤, 잠시 동안 가만히 있었다. 이윽고,

"위대한 부인!"

이라고 여러 번 말하고는 불쾌하다는 표정으로 스칼렛을 쳐다보았다.

스칼렛은 자기도 모르게 오싹 몸을 떨었다. 그렇게까지 레트를 그리워하면서 달려왔는데, 모든 희망이 한꺼번에 달아나는 것 같았다. 그녀는 한없는 슬픔에 사로잡히고 말았다.

"그녀는 죽고 말았어. 당신은 유리하게 되었군!"

레트의 목소리는 냉담하였다.

"아니, 그게 무슨 말씀이에요?"

스칼렛의 눈에서 눈물이 핑 돌았다.

"제가 얼마나 멜라니를 사랑하고 있었는지는 당신도 잘 알고 계시지 않나요?"

"멜라니를 사랑하고 있었다고? 그거 상상도 못한 일인데. 하기야 멜라니의 진가를 이제 안 것만으로도 다행이겠지."

"그래요, 이제서야 멜라니의 가치를 알았어요. 그녀가 얼마나 착하고

지혜로웠던가를."

"정말이오? 정말로 알았단 말이오?"

"그래요, 마지막 순간에도 멜라니는 자기 자신의 일은 조금도 생각하고 있지 않았어요. 여보, 멜라니는 죽어 가면서도 당신 이야기를 했어요."

"뭐라고 했소?"

"멜라니는 제게 부탁했어요. 당신에게 정답게 대해 주라고. 그리고…… 당신이 진정으로 저를 사랑하고 있다고도 말했어요."

"또 다른 말은?"

"아이들과 애슐리의 일을 부탁한다고 말했어요."

"허, 죽은 마누라의 허락까지 받았으니, 잘 된 일이군!"

레트는 허탈하게 웃었다. 스칼렛은 그 말의 뜻을 짐작할 수가 없어서 레트의 얼굴을 쳐다보았다. 그러나 레트의 얼굴에서 조롱의 빛은 보이지 않았다.

"그건 무슨 뜻이에요?"

"새삼스럽게 물을 필요가 있소? 이제 멜라니는 죽었소. 당신들의 일을 용서하고 말이오. 당신은 언제라도 내게 이혼을 청구할 수 있게 되었소. 애슐리와 당신의 꿈이, 멜라니의 죽음으로 말미암아 비로소 이 세상에서 실현되게 되었단 말이오."

"아니, 이혼이라고요?"

스칼렛이 외쳤다.

"당신은 뭔가 오해하고 있어요. 무서운 일이로군요. 이혼을 하다니, 저는 생각조차 해 본 적이 없어요."

스칼렛은 레트 쪽으로 다가가면서 그의 팔을 잡았다.

레트는 스칼렛의 눈을 뚫어지게 들여다보았다. 그의 눈은 냉랭한 빛을 띠고 있었다.

"당신은 오해하고 계세요. 여보, 오늘 밤에야 비로소 저는 깨달았어요. 저는…… 당신을 사랑하고 있어요. 그 동안 제가 바보였어요. 깨닫지 못했어요. 부디 제 말을 믿어 주세요."

레트는 스칼렛의 마음속을 짐작하려는 듯이 가만히 그녀를 바라보았다. 레트의 눈은 스칼렛의 말을 믿는 것 같았다. 그러나 그 이상은 아무런 흥미의 빛도 보이지 않았다.

"좋소. 당신 말을 믿기로 하지. 그러나 애슐리는?"

"애슐리? 저는 그를 문제 삼고 싶지 않아요. 그는 곧잘 진리니 명예니 하고 말했지만, 비겁한 분이었어요."

"그건 틀린 소리요. 그는 과거의 사람이기 때문에, 현재의 변해 버린 세상 속에서 당황하고 있을 뿐이오. 당황하면서도, 과거의 세계라는 잣대로 현재를 측정하려고 노력하는 사람이오."

레트의 우수 어린 눈을 대하자, 스칼렛은 처음으로 애인을 만난 소녀처럼 설레었다.

"옛날의 나 같았으면, 지금의 당신 말을 듣고 기뻐했을지 모르겠소. 그러나 현재의 나에게는 아무런 의미가 없소."

"아무런 의미가 없다니요? 여보, 당신은 저를 사랑하고 있잖아요. 멜라니도 그렇게 말했는데."

"그녀는 그 이상의 것을 몰랐던 것이오. 그 어떤 영원한 사랑이라도 식어 버릴 때가 오는 것이오."

"……."

스칼렛은 어안이 벙벙해져 말을 이을 수가 없었다.

"내 사랑은 끝내 식고 말았소. 애슐리에 대한 당신의 끈질긴 그 사랑 때문에."

"전 사랑이 식는다고는 생각할 수 없어요."

"그러나 당신의 애슐리에 대한 사랑도 식지 않았소?"

"그렇지만 저는 처음부터 진정으로 그를 사랑한 게 아니었어요."

"그럴지도 모르지. 하지만 스칼렛, 나는 오늘 밤 당신을 책망한다든 가, 비난하고 있는 것이 아니오. 또 지나간 과거를 변명하라는 것도 아니고."

이렇게 레트가 담담하게 이야기를 하는 것은 오늘이 처음이었다.

"당신은 내가 진심으로 당신을 사랑하고 있다는 것을 알고 있었소? 오랜 세월을 두고두고 사랑하고 있었다는 것을. 전쟁 중이거나 전쟁 이 끝난 뒤에도 나는 당신을 만나고 싶은 마음 하나 때문에 애틀랜타 로 돌아온 것이오. 그리고 나는 체포되었지.

프랭크와의 일을 알았을 때, 내 가슴은 못 견디게 들끓었소. 그러나 당신은 언제나 당신을 사랑하고 있는 사람에게는 잔인했소. 당신은 다른 사람의 사랑을 빼앗고, 거꾸로 그것을 채찍 삼아 그 사람 머리 위에서 휘두르는 여자였소."

레트의 목소리에는 비로소 정열의 빛이 서렸다. 스칼렛은 가슴을 졸 이며 그의 말에 귀를 기울였다.

"결혼했을 때도 당신은 나를 사랑하지 않았소. 나는 당신과 애슐리 사이의 일도 알고 있었소. 그러나 나는 당신을 지키고 당신을 행복하 게 하는 일이라면 무엇이든 당신 마음대로 내버려두고 싶었소. 나의 보니처럼 말이오. 말괄량이이면서도 고집이 세고 겁이 많은 아이, 나 는 지금도 당신을 어린아이로 생각하고 있소."

조용조용한 레트의 음성을 들으면서, 이상하게도 스칼렛은 두려움을 느꼈다. 그 말투에는 절망한 사람의 수심이 가득 서려 있었다.

"나는 열심히 일도 해 보았소. 그리고 나와 마찬가지로 고집 세고 욕심 많고 뒤를 살필 줄 모르는 당신을, 사랑할 만큼 사랑해 봤소. 애슐리에 대한 사모 같은 것은 내 사랑 앞에서 사라져 버릴 거라고 믿었소. 그러나 헛일이었소. 언제나 당신의 마음에는 애슐리가 살고 있었소. 그것은 아무리 애써도 떼어 버릴 수 없는 것이었소. 나의 사랑이 허사였다는 것을 알았을 때, 나는 미칠 것만 같았소. 저 무지한 벨은 차라리 나의 허영심을 채워 주기나 했지만, 당신은 절대로 내 마음을 채워 주지 못했소."

레트의 고백을 듣자, 스칼렛은 말할 수 없는 비참함을 느꼈다. 그러나 레트는 스칼렛을 억누르듯 계속 말을 하였다.

"기억하고 있소? 언젠가 당신을 안고 이층으로 올라가던 날 밤의 일을. 나는 내가 한 일을 오해 받을 것만 같았고, 당신이 싫증낼까 봐 다음 날 집을 나갔던 것이오. 술에 취해 집으로 돌아왔을 때, 그 때 당신이 중간까지만이라도 나와 주었다면, 어떤 표시라도 보여 주었다면 나는 당신의 발에다 입맞추었을 것이오."

"아아, 여보. 저도 그 때 당신을 무척 그리워했어요. 그래요, 그 때부터 애슐리는 더이상 제 마음을 차지하지 못하게 되었어요. 그런데도 당신은 나를 짓궂게만 대했어요."

"그렇다면 우리는 서로 빗나가기만 한 셈이군. 그러나 이제 그런 것은 아무래도 좋소."

레트는 말을 끊었다. 그리고 찬찬히 스칼렛의 얼굴을 바라보았다.

"그래도 보니가 살아 있는 동안은 괜찮았소. 그 아이는 당신을 꼭 빼닮았었지. 나는 그 아이를 사랑함으로써 나의 의지할 곳 없는 사랑을 채우고 싶었소. 그런데 그 아이가 죽자, 나는 그 모든 것을 잃고 말았소."

스칼렛은 그의 이야기를 들으면서 비로소 한 인간의 마음을 이해하게 되었다. 자존심은 강한 반면, 자기의 사랑을 제대로 표현 못 하는 레트의 성격을 이제야 알게 된 것이었다.

스칼렛이 레트 곁으로 다가앉았다.

"여보, 제발 저를 용서해 주세요. 이제야 당신의 진실을 알았어요. 이제부터라도 우리는 행복해질 수 있어요. 보니 같은 귀여운 아이도 낳겠어요."

"고맙소. 그러나 이제 그만둡시다. 나는 더이상, 나의 마음을 위험에 빠뜨리고 싶지는 않소."

레트는 잠시 후, 말을 계속했다.

"비꼬아서 하는 말이 아니오. 당신은 부자가 되었고, 애슐리와 함께 살 수가 있게 되었소. 그러나 막상 이렇게 된 지금, 그것만으로는 만족할 수 없다니 딱하게 되었군."

"당신은 저의 영혼이에요. 돈도, 친구도, 모든 것을 다 잃어도 괜찮아요. 당신만, 당신만 제 것이 된다면 아무것도 무섭지 않아요."

스칼렛은 목이 메어 애걸하듯 말하였다.

"당신은 이제 저를 사랑하고 있지 않나요?"

"그렇소!"

"하지만 저는 당신을 사랑하고 있어요."

"그것은 당신의 불행이오."

레트의 말투는 조금도 변하지 않았다.

"나는 이 고장을 떠날까 생각 중이오."

"저를 버리고 말인가요?"

"버린다? 그건 당신한테 어울리지 않는 표현이오. 그럼, 이따금씩 세상에 소문나지 않을 정도로 돌아오기로 할까?"

"소문 따위가 뭐예요? 저도 같이 데려가 주세요."

"안 될 말이오."

레트는 딱 잘라 말하였다.

"나는 영국이나 파리, 혹은 고향 찰스턴에 가서 옛 친구들과 함께 살게 될지도 모르겠소. 나의 방랑 생활도 이쯤에서 끝을 맺을까 하오. 이제 옛 친구들과 사귀면서 잊고 있었던 고상하고 조용한 생활을 하고 싶소."

마치 애슐리가 이야기를 하고 있는 것 같았다.

"스칼렛, 당신도 내 나이가 되면 지금 내가 말한 것을 이해할 수 있을 거요. 하기야 당신의 성질로는 그것도 보장하기 어렵지만, 나는 그것을 볼 때까지 기다리고 있을 수가 없소. 또 기다리고 싶지도 않고."

스칼렛은 마음이 초조하였다. 이미 애정이라고는 조금도 남아 있지 않은 레트의 말을 더 이상 듣고 있을 수가 없었다.

"그만하세요."

"그럼 내가 한 말을 다 알아들었다는 말이오?"

레트는 일어섰다.

"모르겠어요. 알 수 있는 건 당신이 이제 저를 사랑하고 있지 않다는 것뿐이에요. 아아, 당신은 제게서 멀리 떠나려 하고 있어요. 당신이 가 버리면 저는 어떻게 해야 해요?"

"스칼렛, 한번 깨진 그릇은 아무리 조각을 주워 모아 풀로 붙여 봐도 소용이 없소. 나는 그것을 붙이기보다는 차라리 깨어지기 전, 새 그릇일 때의 추억을 간직하고 싶소."

레트는 어깨를 움츠리고, 긴 한숨을 내쉬며 말했다.

"나는 지금도 당신이 앞으로 해 나갈 일이며, 가야 할 길을 가르쳐 주고 싶소. 그러나 내게는 그만한 힘이 없소."

레트는 조용조용 이야기하고 나서 이층으로 올라갔다.

  스칼렛은 그의 뒷모습을 가만히 보고 있었다. 그의 발소리가 완전히 사라졌을 때, 스칼렛은 모든 것을 이해하였다. 전부가 어긋난 운명이었다.

  스칼렛은 자기가 사랑했던 두 남자, 애슐리와 레트를 진실로 이해하지 못했다는 사실을 이제야 깨달았다. 스칼렛은 한없이 슬퍼졌다. 그녀의 마음에는 공허한 파도만 출렁거리고 있었다. 이제는 무엇 한 가지도 생각할 힘이 없었다. 다만 둔탁한 고통의 감각만이 몸과 마음을 적실 뿐이었다.

  '그이를 생각하면 미칠 것 같아. 그렇지만 더 이상 생각하는 것은 그만두자.'

  스칼렛은 마음속으로 이렇게 말했다.

  '내일! 그렇지, 내일 타라로 돌아가자. 거기서 곰곰이 생각해 보자.'

이 생각은 스칼렛에게 생기를 불어넣어 주었다.

아아, 타라!

지난날, 그녀가 지쳐서 타라로 돌아갔을 때, 그 곳에서 힘과 용기를 얻고 일어섰었다.

아아, 타라!

거기에는 하얀 지붕이 단풍 든 나뭇잎 사이로 빛나고, 황혼 사이로 푸른 목화밭이며 검붉은 대지가 고요하게 누워 있었다. 초록빛 소나무 숲은 저마다 팔을 뻗어 그녀를 손짓하며 부르고 있는 것 같았다.

스칼렛은 갑자기 마미가 그리워졌다. 어린아이처럼 마미의 넓은 가슴에 안겨서 쉬고 싶었다.

그녀는 다시 태어날 것이라고 생각하였다. 패배에 직면하고서도 패배를 인정하지 않는 선조의 강인한 피가 스칼렛의 온몸 가득 솟아올랐다.

그녀는 꿋꿋하게 얼굴을 쳐들었다.

　'레트를 다시 찾을 수 있을까? 아니 한 번 마음의 결심을 한 이상, 반드시 돌아오게 하고 말 거야. 지금까지 내가 마음으로 작정하고, 이루지 못한 일은 없었어.'

스칼렛은 해 지는 타라의 장엄한 풍경을 바라보며 말했다.

"그래, 내일 생각하면 되지. 내일은 또 내일의 해가 떠오를 거야. 내일 그이를 다시 찾을 방법을 생각해야지."

　굽힐 줄 모르는 굳센 의지력이, 다시금 스칼렛의 두 눈에 찬란히 피어올랐다.

작품 알아보기
(장편문학)

〈**바람과 함께 사라지다**〉는 승부욕이 강하고 불 같은 성격을 지
닌 스칼렛 오하라와, 야성적인 남자 레트 버틀러를 중심으로
펼쳐지는 사랑과 욕망의 파노라마다. 남북전쟁을 남부인의 시
각으로 그려낸 이 작품은 발표되자마자 곧바로 베스트셀러가
되었고, 얼마 후에는 영화로 만들어져 아카데미 작품상을 비롯
하여 수많은 상을 휩쓸기도 했다.

스칼렛 오하라는 미인은 아니었지만 아주 매력적인 여자다. 애
슐리를 좋아했지만, 애슐리가 사촌누이인 멜라니와 약혼하자,
보란 듯이 사랑하지도 않는 멜라니의 오빠와 결혼해 버린다.

남북전쟁이 일어나자, 미망인이 된 스칼렛은 애틀랜타의 육군
병원에서 멜라니와 함께 환자들을 돌보게 된다. 아주 우연한
기회에 스칼렛을 알게 된 레트 버틀러는, 물자 부족으로 곤란
을 겪고 있는 애틀랜타 시에 물자를 보급하면서 스칼렛의 주위
를 맴돌게 된다.

남부군이 전쟁에서 패하게 되자, 스칼렛의 집안은 완전히 몰락
하게 되고, 아버지는 정신 이상을 일으킨 나머지 폐인이 된다.
어떻게든 타라를 지켜야겠다는 생각에 스칼렛은 다시 애정 없
는 결혼을 하지만, 또다시 미망인이 된다. 그 때 레트가 나타나

작품 알아보기
(장편문학)

그녀에게 구혼을 하게 되고, 두 사람은 행복한 날들을 맞이하게 된다.

하지만 전쟁에서 살아 돌아온 애슐리를 만난 스칼렛의 마음은 다시 흔들리게 되고, 절망한 레트는 결국 그녀 곁을 떠나게 된다. 자신이 진정으로 사랑한 사람은 레트라는 사실을 뒤늦게 깨닫게 된 스칼렛은, 절망을 딛고 일어서는 강인한 여성의 면모를 보여 준다.

논술 길잡이
(장편문학)

❶ 다음 장면은 스칼렛의 성격을 설명한 대목이다. 스칼렛의 기질이나 성격이 당시의 여성상과는 어떤 차이를 보이는지 논술하라.

> 큰딸 스칼렛은 어머니의 섬세한 아름다움과 아버지의 야성을 골고루 받고 태어난 묘한 매력을 지닌 처녀였다. 그녀는 온순한 동생들과는 아주 딴판이었다. 그녀는 어릴 때부터 남에게 지기를 싫어하였고, 나뭇가지에 기어오르는 것을 좋아하였다.
>
> 또 남자아이들과 싸움을 잘 하는 말괄량이였다. 여학교에 들어간 뒤에도 그녀는 공부보다는 남자들의 눈길을 끄는 매력을 발휘하는 데 소질을 보였다.

논술 길잡이
(장편문학)

❷ 스칼렛과 멜라니는 서로 다른 인물 유형을 보여 주고 있다. 두 사람의 성격을 분석해 보고, 그들이 갖고 있는 장점을 논술하라.

	성 격	장 점
스 칼 렛		
멜 라 니		

논술 길잡이
(장편문학)

❸ 스칼렛이 멜라니의 오빠와 결혼하게 되는 이유는 무엇인지 구체적으로 논술해 보자.

_____

_____

_____

_____

❹ 보니의 탄생 이후, 레트의 삶에는 수많은 변화들이 생기게 된다. 그가 어떤 모습으로 변했는지 논술하라.

_____

_____

_____

_____

논술 길잡이
(장편문학)

❺ 아래 그림은 스칼렛과 레트가 우연히 만나게 되는 장면이다. 이후 스칼렛에 대한 레트의 사랑은 어떤 식으로 모습을 바꿔 가는지 써 보자.

....

....

....

....

....

논술 길잡이
(장편문학)

❻ 아래 제시된 글에서처럼 스칼렛과 레트의 사랑은 늘 어긋나 기만 한다. 자신이 생각하는 '진정한 사랑'이란 어떤 것인지 구체적으로 써 보자.

스칼렛은 목이 메어 애걸하듯 말하였다.
"당신은 이제 저를 사랑하고 있지 않나요?"
"그렇소!"
"하지만 저는 당신을 사랑하고 있어요."
"그것은 당신의 불행이오."
레트의 말투는 조금도 변하지 않았다.
"나는 이 고장을 떠날까 생각 중이오."
"저를 버리고 말인가요?"
"버린다? 그건 당신한테 어울리지 않는 표현이오. 그럼, 이따금씩 세 상에 소문나지 않을 정도로 돌아오기로 할까?"

논술 길잡이
(장편문학)

❼ 다음은 〈바람과 함께 사라지다〉의 마지막 장면이다. 이 대목으로 알 수 있는 작품의 주제는 무엇인지 써 보자.

'레트를 다시 찾을 수 있을까? 아니 한 번 마음의 결심을 한 이상, 반드시 돌아오게 하고 말 거야. 지금까지 내가 마음으로 작정하고, 이루지 못한 일은 없었어.'
스칼렛은 해 지는 타라의 장엄한 풍경을 바라보며 말했다.
"그래, 내일 생각하면 되지. 내일은 또 내일의 해가 떠오를 거야. 내일 그이를 다시 찾을 방법을 생각해야지."

논·술·세·계·대·표·문·학 〈전60권〉

펴 낸 이	정재상
펴 낸 곳	훈민출판사
주 소	경기도 고양시 덕양구 원당동 416번지
대 표 전 화	(031)962-3888
팩 스	(031)962-9998
출 판 등 록	제395-2003-000042호

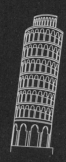